中国艺术科技研究所全国通用考级教材

主持考级

青少组（上）

1~3级

主编：刘宇　陈鑫

副主编：陈斌斌　吕彦锋　卢茜

中国戏剧出版社

图书在版编目（CIP）数据

中国艺术科技研究所全国主持考级教材．青少年组：上中下 / 刘宇，陈鑫主编．——北京：中国戏剧出版社，2020.4
ISBN 978-7-104-04935-7

Ⅰ．①中… Ⅱ．①刘… ②陈… Ⅲ．①主持人－语言艺术－水平考试－教材 Ⅳ．①G222.2

中国版本图书馆CIP数据核字（2020）第060096号

中国艺术科技研究所全国主持考级教材——青少年组（上中下）

责任编辑：齐钰 赵成伟

责任印刷：冯志强

出版发行：中国戏剧出版社

出 版 人：樊国宾

社　　址：北京市西城区天宁寺前街2号国家音乐产业基地L座

网　　址：www.theatrebook.cn

电　　话：010-63385980（总编室）

传　　真：010-63383910（发行部）

读者服务：010-63387810

邮购地址：北京市西城区天宁寺前街2号国家音乐产业基地L座（100055）

印　　刷：廊坊市瑞德印刷有限公司

开　　本：889mm X 1194mm　1/16

印　　张：31

字　　数：750千字

版　　次：2020年4月北京第1版第1次印刷

书　　号：ISBN 978-7-104-04935-7

定　　价：178.00元（上中下）

主持考级专家指导委员会

主任：李晓华

委员：戴　萱　朱卫东　陈　红

刘　宇　陈　鑫　石宁海

前言

党的十八大提出了深化文化体制改革、推动社会主义文化大发展大繁荣、建设社会主义文化强国的重大战略目标。党的十九大提出了新时代文化建设的基本方略，明确了文化建设在中国特色社会主义建设总体布局中的定位，提出了文化自信是建设社会主义文化强国的动力之源。随着人民物质生活水平的不断提高，人民对文化生活有了新的需求，社会艺术教育发展蒸蒸日上，社会艺术水平考级也日趋受到重视和认可。现阶段，蓬勃发展的社会艺术水平考级活动，作为一种有广泛群众基础的社会现象，已经成为专业艺术教育的一种补充形式。

作为文化和旅游部直属的艺术科研机构，中国艺术科技研究所（以下简称艺科所）在数字艺术研发、舞台安全检测与标准制定、艺术品科学研究与鉴定、特色化社会艺术考级等方面都取得了较大成绩。特别是在艺术考级工作方面，我们遵循特色化要求，探索特色化发展路径，考级人数从最初的几万人发展到百万人次以上。为了做强做精艺科所社会艺术水平考级品牌，我们参与完成了《社会艺术水平考级机构备案管理要求》《社会艺术水平考级专业分类要求》《社会艺术水平考级考试服务流程要求》《社会艺术水平考级考点考场设置及环境要求》4 项国家标准，并严格按照标准提供考级服务。

自 2004 年开展考级活动以来，我们本着普及艺术教育，弘扬民族文化发展为己任，始终把规范化作为考级可持续发展的基础，严格按照文化和旅游部《社会艺术水平考级管理办法》开展考级工作。目前承办中国艺术科技研究所考级的承办单位覆盖全国 33 个省级行政区，考级地域辐射广阔，考生层面众多，不仅为推动社会主义文化大发展大繁荣上做出了积极贡献，更为地方的文化建设与发展、艺术教育普及、艺术人才培养贡献出自己的一份力量。

为更好促进青少年儿童听说能力的发展，培养青少年儿童的语言理解能力、口语组织能力、口头表达能力及即兴反应能力，展示出新时代青少年儿童阳光自信、积极乐观、思维灵活、大方得体的精神风貌，提升全民族语言表达综合素质，我们特别成立了全国主持考级专家指导委员会，在全国范围内重点面向学龄前儿童、国家九年义务教育学生开展主持等级考试。

主持考级是以普通话语言表达为主的艺术创造活动。它既是青少年儿童完成语言学习教育任务的一项重要基本功的表现方式，也是涵盖智商、情商以及艺术表演的综合表现方式，既有利于青少年儿童智力发展，提高语言表达能力，又有利于青少年儿童接受艺术熏陶，促进良好道德品质的养成。

根据2012年发布的《国家中长期语言文字事业改革和发展纲要（2016-2020）年》文件精神，教育系统已开始有目的、有选择、有计划地扩充语言考试教材的案例，这对激发中小学生语言文字学习积极性、提高文学素养、从小着手培养语言表达能力具有深远的意义。目前，文化和旅游部已将主持考级项目正式列入社会艺术水平考级推荐目录中，将其作为提高全民文化艺术素质的一项工作，希望充分利用社会力量扩大推广阵地，创新传播方式，提升趣味实用性，以艺术表现手段更好为国家语言文化战略服务。

为此，由中国著名语言教育家、播音主持理论家、中国传媒大学播音主持艺术学院前院长李晓华教授任总顾问，组织国内高校播音主持专业著名教授及业界一线著名播音员、主持人经过近两年的研讨，制定出主持考级大纲，研发编写了本套规范、权威的主持考级教材。希望孩子们能够经过教材学习，通过主持考级，像媒体播音员一样标准发音，像主持人一样侃侃而谈。无论在现在的学习生活场景，还是将来步入社会，都能够大方、自信、得体地与人交流，准确清晰地表述自己的思想，体现出新时代艺术人才的朝气蓬勃与良好的综合素质。

主持考级不仅是一项文化事业，更是一项肩负中华汉语文化普及与教育的重大工程。语言是文化的载体，语言也是快速促进文化传承与传播的重要手段。我们有责任、有信心、有力量规范有序推进主持考级工作，更好服务国家语言文化战略，推动这项伟大事业快速发展！

目录 / CONTENES

一级

二级

目录 / CONTENES

三级

一级

主持考级内容与要求

1. 绕口令背诵：从指定绕口令篇目中抽选一个绕口令进行背诵。
2. 古诗背诵：从指定古诗篇目中抽选一首古诗进行背诵。
3. 话题表达“我是谁”：向主考老师介绍一下你自己，至少提供姓名、年龄、幼儿园、兴趣爱好、性格特征等三种以上信息。

一级

一、主持考级标准

主持考级时，站姿端正，声音洪亮，口齿基本清楚，语言基本连贯，能主动与主考老师应答交流。

一级

二、主持考级提示

一级的主持考级分三项，分别是绕口令背诵、古诗背诵以及话题表达“我是谁”。为方便小朋友考级以及老师辅导培训，下面分别对这三项进行考级提示说明。

一、绕口令背诵考级提示及范例

一级的绕口令考级篇目选取基本都较为短小，比较适合年龄较小的儿童练习与考级。本级别篇目多选取句尾韵脚为“发花辙”（包含韵母是 a、ia、ua 的字）的绕口令，表达起来声音明亮、朗朗上口。小朋友主持考级表达时做到口齿基本清楚即可，可以适度加上动作辅助表达。

范例：

小青蛙

小青蛙，呱呱呱，
水里游，岸上爬；
吃害虫，保庄稼，
人人都要保护它。

《小青蛙》这个绕口令，与其说是个绕口令，不如说更像一段押韵顺畅的童谣，它介绍了呱呱叫的小青蛙的特点“吃害虫，保庄稼”。小朋友在表达的时候，记得要把嘴角上扬，笑眯眯地来说这个绕口令，那么小青蛙可爱的形象就会呈现出来了。

这个绕口令韵脚为“发花辙”，句尾字音韵母中的“a”（啊）发音时嘴巴要张大，小朋友发“a”音时不能嗲声嗲气地张不开嘴。当小朋友在说到“岸上爬”的“爬”，还有“保护它”的“它”这些词语的时候，嘴巴要张得大大的，这样字音就会发得响亮、清楚了。

我们的辅导老师在进行绕口令训练的时候，尽量不要只是停留在记住、背会层面上，建议通过各种教学手段帮助小朋友拓展想象空间，刺激他们主动发声的愿望。比如可以利用 PPT 教学，增加一些小青蛙的彩色图片、视频，或者直接用青蛙的头饰进行表演辅助，设计一些夸张的肢体动作，让小朋友们在有趣好玩的游戏过程中，开心地说出这个绕口令。同时还可以配上一些儿童音乐，增加训练的节奏感和趣味性。

一级的绕口令考级篇目，还有一部分选取了句尾韵脚为“一七辙”（包含韵母为 i、ü 的字）的绕口令。小朋友在发“i”音时，嘴角要向两边展开，保持微笑状，嘴巴微张，这样吐字就会比较清楚。需要特别提醒的是，发“i”时口腔开度不大，但要让气流从嘴巴里呼出，不要拿鼻子哼出来“i”音。

二、古诗背诵考级提示及范例

对于报考一级的小朋友来说，古诗背诵考试环节依然要求吐字清楚，并且表达自然，不拖腔拖调，至于古诗的韵味、意境等不做太高要求。我们在选择一级古诗篇目时尽量降低难度，以五言绝句为主，诗句的意思通俗易懂，便于小朋友理解与背诵。

范例：

静夜思

唐 | 李白

床前明月光，
疑是地上霜。
举头望明月，
低头思故乡。

《静夜思》是唐朝诗人李白在26岁的时候写的一首思乡的诗。这首诗用叙述的语气写了思乡之情，清新朴素，明白如话。从“举头”到“低头”，形象地揭示了诗人内心的情感活动，抒发了诗人在寂静的月夜思念家乡的一种感受。

背诵这首五言古诗的时候，可以按照“二三”格式进行节奏的划分，即“床前／明月光，疑是／地上霜。举头／望明月，低头／思故乡。”这样划分诗句，意思比较清楚，也更具有节奏感。其中第一句最后一个字“光”和第二句最后一个字“霜”都是第一声阴平调，为了避免背诵时两个字音高低一样读起来像顺口溜，可以把“霜”字处理得稍微高一些，这样既显得有变化了，又能配合第二句中“疑”字读出疑问的意思来。第三句特别要把“望”字再强调出来，第四句结尾语速稍微放慢，尤其是“思故乡”的“思”字，音长拉开，缓缓地说出“思故乡”三个字来，思念的意味会显得更浓。

三、话题表达“我是谁”考级提示及范例

一级“我是谁”这个项目，重点考查小朋友基本的口语表述能力。主持考级要求考生向考官介绍一下自己，至少提供三个有效信息，比如姓名、年龄、所在幼儿园名称等等，小朋友可以根据主持考级要求直接进行对应准备。比如：

范例 1: 各位老师，大家好：

我叫王小明，我今年 4 岁了，我来自北京森林幼儿园。

范例 2: 老师好：

我叫李小红，你们能猜出我几岁了吗？我今年 4 岁，在北京森林幼儿园上小班，我特别喜欢我们幼儿园的老师和小朋友。

范例 3: 老师好：

我叫张平，我来自北京森林幼儿园芒果班，我马上就要过 5 岁生日了，我最想让爸爸妈妈给我买一辆遥控小汽车做生日礼物。

范例 1 直接提供了关于“我是谁”的三个信息，姓名、年龄和所在幼儿园名称，吻合主持考级的要求。

范例 2 的“我是谁”也提供了自我介绍的三个信息，在吻合主持考级要求的同时，年龄信息的介绍话语还突出了和主考老师的互动，显得更生动一些。最后一句“我特别喜欢我们幼儿园的老师和小朋友”还体现了自己的性格特征。

范例 3 的“我是谁”，在提供了本人姓名、所在幼儿园名称这两个信息的情况下，把年龄信息通过“马上要过 5 岁生日”呈现出来，比常见的“我今年 4 岁了”这样的年龄信息的介绍显得语言更有变化。

以上三种“我是谁”范例供小朋友或家长以及辅导老师参考，该主持考级环节的重点在于声音洪亮、吐字清晰，把自己的基本信息清楚地介绍给主考老师。学龄前年龄较小的考生说话可能会慢一些，或出现嗲声嗲气的现象，这属于幼儿表达的特点，语速和语气上无需强求改变。但要提醒注意的是，话题表达应该像生活中正常说话一样自然地交流，不要背诵提前准备好的稿件。

一级

三、主持考级篇目

一级的主持考级篇目分三项，分别是绕口令、古诗以及话题表达“我是谁”。

绕口令

（一）

小青蛙

小青蛙，呱呱呱，

水里游，岸上爬；

吃害虫，保庄稼，

人人都要保护它。

（二）

妈妈种麻

妈 妈 种 麻 ，

我 去 放 马 。

马 吃 了 麻 ，

妈 妈 骂 马 。

（三）

积木搭木塔

积木搭木塔，

木塔插木花。

插花木塔塌，

塔塌花也撒。

（四）

荷花和蛤蟆

一朵粉红大荷花，

趴着一只活蛤蟆。

八朵粉红大荷花，

趴着八只活蛤蟆。

（五）

搭瓜架

华华和莎莎，
一起搭瓜架。
华华拿绳莎莎扎，
瓜秧爬上瓜瓜架。

（六）

小花猫爱画画

小花猫爱画画，

先画一朵腊梅花，

又画一个小喇叭。

戴着腊梅花，

吹着小喇叭，

回家见妈妈，

妈妈笑哈哈。

（七）

七棵树上结七样儿

一二三，三二一，

一二三四五六七。

七个阿姨来摘果，

七个花篮儿手中提。

七棵树上结七样儿，

苹果、桃儿、石榴、

柿子、李子、

栗子、梨。

（八）

奇奇和丽丽

奇奇和丽丽，从小爱园艺。

上山开荒地，栽李又栽梨。

辛勤培育创奇迹，

弟弟吃了笑眯眯。

（九）

王婆卖瓜又卖花

王婆卖瓜又卖花，

一边卖来一边夸。

又夸花，又夸瓜，

夸花好，夸瓜大。

瓜大，花好，笑哈哈。

（十）

花青蛙

花青蛙，叫呱呱，
西瓜地里看西瓜。
西瓜夸青蛙背背花，
青蛙夸西瓜长得大。

古诗

（一）

咏鹅

唐 | 骆宾王

鹅，鹅，鹅，

曲项向天歌。

白毛浮绿水，

红掌拨清波。

· 诗意解读

鹅，鹅，鹅，眼前一群白鹅弯着脖子抬着头在引吭高歌。洁白的羽毛漂浮在碧绿的水面上，红红的脚掌划动着清清的水波。

· 考级指导

这首诗据说是诗人骆宾王在七岁时所作，描写了白鹅游水嬉戏、生动活泼的神态。第一句三个“鹅”字，我们要读出突然发现大白鹅在戏水的惊喜感，这三个“鹅”字可以处理得一声比一声高；第二句要和上句的意思进行呼应，“向天歌”三个字语尾上扬，正好与第一句的第三个“鹅”字在语势上搭配起来。接下来“白毛”与“红掌”“浮绿水”与“拨清波” 形成区分与呼应，一般后出现的事物我们在声音的处理上要显得突出一些，主动与前面的事物进行区分。

（二）

风

唐｜李峤

解落三秋叶，

能开二月花。

过江千尺浪，

入竹万竿斜。

· 诗意解读

风，能吹落秋天枯黄的树叶，还能吹开春天美丽的鲜花。风，刮过江面能掀起千尺高的巨浪，吹进竹林还能撼动万竿竹子使其倾斜。

· 考级指导

这首古诗从四个角度赞美了风。除了题目，全诗没有出现一个“风”字，但每一句都表达了风的作用，让我们感受到了风的存在，感受到了风的力量和影响。在朗读时，小朋友们的语气要带有肯定、赞美的情感，气息稍饱满一些，语速可适度加快。尤其读到“千尺浪”“万竿斜”时可增加气势感，“万竿斜”前面还可以增加一个停顿，缓缓收尾在最后三个字上。为了合辙押韵，建议“斜”在本诗中读“xiá”音（阳平声调）。

（三）

登鹳雀楼

唐 | 王之涣

白日依山尽，

黄河入海流。

欲穷千里目，

更上一层楼。

· 诗意解读

夕阳依傍着远处的山峦渐渐落下去了，滔滔黄河朝着大海的方向汹涌奔流。如果想要看到千里之外的风光景象，那就请再登上一层高楼吧。

· 考级指导

这首诗平铺直叙地写了登高望远的过程，但却含意深远，体现了诗人不凡的胸襟抱负和积极向上的进取精神。诗的前两句写“白日”“黄河”，比较写实，我们在朗读用声时自然朴实即可。到诗的后两句，逻辑关系有了变化，“欲穷千里目”中“欲”的声调是去声，音调可抬高，“千里目”语调顺势而落下，为最后一句蓄势，“更上”由低向高推进，到“一层楼”语调扬起，传达出步步登高的感受，字音抻开，把韵味延伸出去。

（四）

春晓

唐 | 孟浩然

春眠不觉晓，

处处闻啼鸟。

夜来风雨声，

花落知多少。

· 诗意解读

春日里睡意正浓，不知不觉天已经亮了，到处都可以听见小鸟的鸣叫声。回想起昨夜的阵阵风雨声，不知道吹落了多少娇艳的花朵。

· 考级指导

这首诗生动描写了春天的早晨刚刚醒来的瞬间诗人的听觉感受和联想，捕捉到了春天的气息，表达了喜爱春天和怜惜春光的情感。古诗第一句“春眠不觉晓”，朗读时语气朴实自然。之后“处处闻啼鸟”一句语调渐渐扬起，吐字轻快活泼一些，表现从酣睡中醒来听到鸟鸣时的那种春光明媚、充满活力的感受。“夜来风雨声”一句，语调由高下落，表达对昨夜风雨大作的回想，同时为下一句的感慨做声音铺垫。“花落”的“落”字隐含着诗人对春光流逝的惋惜，字的声调起伏加大；“知多少”三字字音拉开、弱收结尾，给人以无限遐想之感。

（五）

鹿柴

唐 | 王维

空山不见人，

但闻人语响。

返景入深林，

复照青苔上。

· 诗意解读

山谷里空空荡荡看不见人影，只能听到隐隐约约有人说话的声音。夕阳返照的光晕照进了幽深的树林里，又照在青苔上（景色显得如此宜人）。

· 考级指导

这首诗以动衬静，描绘了傍晚时分鹿柴（读音zhài，去声）附近空山深林的幽静景色。开头先写空山不见人迹的幽静，诗句简单明了，朗读时语调可以朴实自然。“但闻”有转折含义，语调可以略上扬，在表达“人语响”时，“响”字可以扬起且夸张一些，表达空谷传音、愈见其空的状态。“返景入深林，复照青苔上”可以从语势高低上进行朗读的变化处理，前句语势由高处转下落，后句则再度稍稍扬起，仿佛特写镜头推到了微光照射的青苔之上，表现出大自然的幽静之美。

（六）

静夜思

唐 | 李白

床前明月光，

疑是地上霜。

举头望明月，

低头思故乡。

· 诗意解读

床前映着一层明亮的月光，让人怀疑好像地上泛起了一层霜似的。抬起头来遥望空中的那轮明月，不由得低下头来思念起远方的故乡。

· 考级指导

这首诗的语言清新朴素、明白如话，用叙述的语气表达了诗人的思乡之情。我们在前面“主持考级提示”环节以这首诗为朗读范例进行了分析，尤其提到了有三个诗句的最后一个字都是阴平声调，“光”“霜”“乡”在朗读背诵时为避免声调高度一样，像背顺口溜，可以用语调的起伏变化加以调整。

（七）

游子吟

唐｜孟郊

慈母手中线，游子身上衣。

临行密密缝，意恐迟迟归。

谁言寸草心，报得三春晖。

· 诗意解读

慈祥的母亲穿针引线，为即将远行的孩子缝制新衣。将要出发之前，一针一针密密地缝缀，总担心孩子返回家太晚。谁敢说像小草那样微弱的孩子的孝心，能报答得了像春晖普泽的慈母恩情呢？

· 考级指导

这首诗描绘了慈母缝衣的普通场景，表现了母爱的伟大与无私。开头两句“慈母手中线，游子身上衣”，用两个最常见、最普通的东西“线”与“衣”将“慈母”与“游子”紧紧联系在一起。我们在朗读的时候注意上句与下句之间逻辑关系的呼应，尤其是读到“衣”字时，把阴平声调稍微突出强调出来。“密密缝”与“迟迟归”又形成了一组逻辑呼应的关系，“密密缝”可以上扬处理，“迟迟归”的“归”字虽然是阴平声调，但是音高落下来形成语势的变化，以表达慈母“儿行千里母担忧”的深情。“谁言寸草心，报得三春晖”的前句“寸草心”顺势高扬，“报得”的“报”是去声，由高到低形成明显对比。注意结尾词“三春晖”是三个阴平声调，表达时音高太一致会显得语势平缺少变化，可以适度处理成上升势，气息托住，韵尾拉长，较虚声收尾，以表达全诗真挚、朴素、自然的情感。

（八）

塞下曲

唐 | 卢纶

林暗草惊风，

将军夜引弓。

平明寻白羽，

没在石棱中。

· 诗意解读

天色已晚林中昏暗，忽然间风吹草动（还以为是野兽出没）令人吃惊，将军（李广）在黑夜中从容不迫，搭箭拉弓显神勇。第二天清晨天亮的时候，将军搜寻昨晚射出的白羽箭，发现箭头深深射入了巨大的石块中（原来射中的不是野兽，而是石头）。

· 考级指导

《塞下曲》是唐代乐府诗的题目，一般写边塞的军旅生涯。这首诗是唐代“大历十才子”之一的卢纶所写，主要描写了一个射箭的场面，表现汉代名将李广臂力超人的英勇风采。我们在朗读时，声音音色可以调整得稍微硬朗一些。“林暗草惊风，将军夜引弓”在语势处理上，前句句尾随着“风”调值高高上扬，语气读出一定的紧张感，后句衔接上稍微舒展开以表现将军的临危不惧。第三句“平明寻白羽”气息托住，音高从高处衔接，读出时间与情节的转换。第四句“没在石棱中”，气息叹下，顺势将诗句读出，以表现对将军的敬佩之情。

（九）

悯农（一）

唐 | 李绅

锄禾日当午，

汗滴禾下土。

谁知盘中餐，

粒粒皆辛苦。

· 诗意解读

盛夏的中午，农民顶着炎炎烈日在田地里给禾苗锄草松土，大颗大颗的汗珠滴入禾苗生长的土地。有谁能想到，我们饭碗中的米饭，一粒一粒都是农民辛苦劳动得来的呢？

· 考级指导

这首诗语言朴实、浅显易懂，通过形象描述和议论，讲明了生活中一定要珍惜粮食这个重要的道理。我们在朗读时，为了更好地描述出农民劳作的画面，声音要铿锵有力，吐字要清晰送出。“禾下土”的“土”是上声，调值“214”，低声区处理时，需要再用点气息把字音送出去。“谁知盘中餐”语势上扬，最后一句“粒粒皆辛苦”的“粒粒”两个字是去声，调值“51”，建议音高从高处接，落到“皆辛苦”时，为读出诗人的感慨之意，可用下降式处理，把“苦”的“214”调值可以发得稍微完整突出一些，那么全诗提倡大家珍惜每一粒粮食、尊重农民的劳动成果的意味就会表现得淋漓尽致。大家尝试着读读看！

（十）

池上

唐 | 白居易

小娃撑小艇，

偷采白莲回。

不解藏踪迹，

浮萍一道开。

· 诗意解读

（莲花盛开的夏日里）一个小孩子撑着小船，偷偷地跑到池塘里去采了白色的莲花回来。他却不懂得藏好自己的行迹，得意忘形回来的时候，小船把水面上的浮萍轻轻荡开，留下了一道清晰明显的水路痕迹，从而暴露了他的行踪。

· 考级指导

这首诗形象地描写了一个天真幼稚的小孩子偷采白莲的情景。语言通俗，细致逼真，富有情趣。小孩子活泼淘气的形象栩栩如生，令人读后忍俊不禁、哑然失笑。我们在朗读时可以微笑着用声吐字，用讲故事的口吻读出前两句诗句，读到“偷采白莲回”时，语势上扬，表达出小孩子天真、可爱、调皮的语气来。之后语气转换，从低处衔接“不解藏踪迹”，笑着表达“浮萍一道开”，而“开”字稍加修饰，韵尾拉长，表现出偷采莲花的小孩子耍小聪明被识破后的大人的包容感。

话题表达“我是谁”

内容自备

二级

主持考级内容与要求

1. 绕口令背诵：从指定绕口令篇目中抽选两个绕口令进行背诵。
2. 古诗背诵：从指定古诗篇目中抽选两首古诗进行背诵。
3. 话题表达“我的自画像”：向主考老师描述关于你自己的相关信息，至少提供姓名、年龄、幼儿园、兴趣爱好、家庭住址、家庭成员等五种以上信息。

二级

一、主持考级标准

主持考级时，站姿端正，声音洪亮，口齿清楚，语言基本连贯；能主动与主考老师应答交流；表达自然、大方。

二级

二、主持考级提示

二级的主持考级也分三项，分别是绕口令背诵、古诗背诵以及话题表达“我的自画像”。为方便小朋友考级以及老师辅导培训，下面分别对这三项进行考级提示说明。

一、绕口令背诵考级提示及范例

二级的绕口令考级篇目选择，重点体现唇形圆展、口腔开度大小变化对于语音的影响。通过绕口令练习，帮助小朋友认识到，在说话的时候，嘴巴不能懒，要有明显的开合变化，才能增加字音的清晰度、准确度。本级别除了选取句尾韵脚为“发花辙”（包含韵母是 a、ia、ua 的字）和“一七辙”（包含韵母为 i、ü 的字）的绕口令外，还选取了句尾韵脚为“梭波辙”（包含韵母为 e、o、uo 的字）和“姑苏辙”（包含韵母为 u 的字）的绕口令，供小朋友练习与考级。

我们先看一个韵脚为“梭波辙”（包含韵母为 e、o、uo 的字）的绕口令：

范例：

鹅过河

哥哥弟弟坡前坐，坡上卧着一只鹅，

坡下流着一条河。鹅要过河，

河要渡鹅。不知是鹅过河，还是河渡鹅。

这个绕口令第一句开头是“哥哥弟弟”，“哥哥”的韵母是“e”，“弟弟”的韵母是“i”，这两个音都是展唇音。老师在辅导的时候注意提醒小朋友，无论是“e”还是“i”，都需要把嘴角向两边展开。小朋友在开口说这个绕口令的时候，可以借助“哥哥”“弟弟”这两个词语的发音特点，嘴角向两边展开的同时，把笑容带出来，开开心心地说这个绕口令。再看后面每句话的结尾字无论是“鹅”还是“河”，韵母都是“e”，小朋友保持笑眯眯的状态来说这个绕口令就可以啦！

我们再来看一个韵脚为“姑苏辙”（包含韵母为 u 的字）的绕口令：

范例：

采蘑菇

黑兔和白兔，上山采蘑菇。
小猴和小鹿，一齐来帮助。
猴和兔，兔和鹿，高高兴兴采蘑菇。

这个绕口令里面的三个小动物，“黑兔”“白兔”“小鹿”，它们的名字后一个字的韵母都是“u”，老师在辅导的时候注意提醒小朋友，发“u”这个音时，嘴唇要往中间合起来，拢圆了。“u”这个韵母容易发闷，所以提醒小朋友在发音时不要把嘴唇嘟得太紧，像个小喇叭，这样发音反而不清晰。

二、古诗背诵考级提示及范例

对于报考二级的小朋友来说，我们的古诗背诵依然选择五言绝句，逐渐向三级的七言绝句过渡。五言绝句短小精练，具有一定的画面感，便于小朋友理解与背诵。

范例：

绝句（一）

唐 | 杜甫

迟日江山丽，春风花草香。

泥融飞燕子，沙暖睡鸳鸯。

对于学龄前的小朋友来说，古诗的背诵，理解很重要，眼前呈现出画面感也很重要。我们先来看这首古诗都写了哪些景物，有“太阳”“山水”“花草”“燕子”，还有“鸳鸯”。那么这些景物在春光下会是什么样子呢？我们可以结合生活当中的例子，在脑海中去想象一下。比如，会出现红红的太阳、五颜六色的花朵、嫩绿的小草、壮丽的江山、可爱的小燕子，还有美丽的鸳鸯等。在这色彩斑斓的春天里，我们可能还会闻到花草的香味儿，会听到小燕子叽叽喳喳的叫声。这些我们眼中看到的，耳朵听到的，汇聚到一起就组成了一幅美丽的春天的画卷。

“迟日／江山丽，春风／花草香。”大家想啊，春天里，明媚的阳光照耀着祖国的大好河山，这是多么壮丽的景象啊！春风吹过来的时候，会带来阵阵花草的清香。这两个诗句，小朋友可以按照“二三”格式进行节奏的划分。

“泥融／飞燕子，沙暖／睡鸳鸯。”春天，温暖的阳光照耀着大地，冰雪融化，泥土消融，变得又松软又湿润。小燕子从南方飞回来了，在衔泥筑巢；成双成对的鸳鸯，在水边暖暖的沙地上美美地睡觉呢。唐朝诗人杜甫和大家一样被这春天的美景陶醉了，用短短20个字描绘出了美丽的春天，同时也抒发了他对春天的赞美和热爱之情。

小朋友们，这首诗既然是对春天美丽景色的赞美，背诵时

脑海当中一定要尽量呈现出春天的景象，笑容绽放地去表达，加上“二三”格式的处理，一定会诵读得非常好听。最后提醒注意，“燕子”的“子”、“鸳鸯”的“鸯”都要读成轻声！

三、话题表达“我的自画像”考级提示及范例

二级话题表达“我的自画像”这个项目，重点考查考生基本的口语表述能力。二级的“我的自画像”与一级的“我是谁”主持考级项目的区别，在于增加了两个基本信息的交代，至少要说出五个以上的基本信息。这就不能再像一级那样仅仅说“老师好，我叫 xx，今年 x 岁，我来自 xxx 幼儿园”等只提供姓名、年龄、幼儿园如此简单的三个信息了。这里需要再补充进去兴趣爱好、家庭成员、父母职业等至少两种以上的基本信息，让“我的自画像”描画的内容丰富起来。比如：

范例 1:

老师好，我叫 xx，今年 x 岁，我来自 xxx 幼儿园，我喜欢唱歌、跳舞、朗诵。我妈妈是一名老师，我爸爸是个医生，爸爸妈妈平时都特别忙。

范例 2:

老师好，我叫 xx，爸爸妈妈都喜欢叫我宝宝，我今年 x 岁，我来自 xxx 幼儿园。我特别爱动，爸爸妈妈说为了让我上学以后坐得住，专门给我报了围棋班，我现在也特别喜欢下围棋。我的爸爸妈妈都是公司职员，他们都特别爱我！

范例 3:

老师好，我叫李昊民，李是木子李，昊是日天昊，民是人民的民。我今年 x 岁，我来自 xxx 幼儿园。我的爸爸妈妈是学计算机的，他们都是计算机方面的高手。我家离幼儿园很近，爷爷奶奶说等我过了六岁生日，就让我自己去幼儿园，可以锻炼我的自理能力！

以上三段“我的自画像”范例中：

范例1按照要求提供了姓名、年龄、所在幼儿园、兴趣爱好、父母职业等五个基本信息，吻合主持考级要求。

范例2的“我的自画像”在介绍自己的名字时，补充了自己被父母称呼的昵称，信息提供更加亲切自然。在提供了年龄、所在幼儿园之后，还特别介绍了自己爱动的性格以及爸爸妈妈为了“治”动给他报了围棋兴趣班。同时也介绍了父母的职业，整体听上去人物比较立体丰满。

范例3的“我的自画像”，在介绍自己的姓名时，细心地对自己的姓、名字分别做了组词解释，信息更准确、丰富。除了提供年龄、所在幼儿园等信息之外，还介绍了父母的职业，并且还提供了家庭居住地与幼儿园的距离远近以及长辈教育孩子的理念。整体听上去更加丰富自然。

还要特别提醒的是，小朋友主持考级的时候，别忘了站姿端正、声音洪亮、口齿清晰地向老师介绍自己哦！

二级

三、主持考级篇目

二级的主持考级篇目分三项，分别是绕口令、古诗和话题表达“我的自画像”。

绕口令

（一）

金瓜瓜

金瓜瓜，银瓜瓜，
瓜棚上面结满瓜。
瓜瓜落下来，
打着小娃娃。
娃娃怪瓜瓜，
瓜瓜笑娃娃。

（二）

送花

华华有两朵红花，
红红有两朵黄花。
华华想要黄花，
红红想要红花。
华华送给红红一朵红花，
红红送给华华一朵黄花。

（三）

花和瓜

瓜藤开花像喇叭，

娃娃爱花不去掐。

没花就没瓜，

吃瓜要爱花。

娃娃爱花也爱瓜。

（四）

鹅过河

哥哥弟弟坡前坐，
坡上卧着一只鹅，
坡下流着一条河。
鹅要过河，
河要渡鹅。
不知是鹅过河，
还是河渡鹅。

（五）

喝可乐

河边两只鹅，

一同过了河。

白鹅喊哥哥，

黑鹅乐呵呵。

白鹅口渴喝可乐，

黑鹅唱歌可乐喝。

（六）

白鸽和白鹅

天上一群大白鸽，

河里一群大白鹅。

白鸽尖尖红嘴壳，

白鹅曲项向天歌。

（七）

王七上街去买席

清早起来雨淅淅，

王七上街去买席。

骑着毛驴跑得急，

一跑跑到小桥西。

毛驴一下跌了蹄，

急得王七眼泪滴。

（八）

采蘑菇

黑兔和白兔，
上山采蘑菇。
小猴和小鹿，
一齐来帮助。
猴和兔，兔和鹿，
高高兴兴采蘑菇。

（九）

上山打老虎

一二三四五，上山打老虎。

老虎没打着，打到小松鼠。

松鼠有几只，让我数一数。

数来又数去，越数越糊涂。

（十）

数数

山上一只虎，

林中一只鹿，

路边一头猪，

草里一只兔，

还有一只鼠，

数一数，一二三四五，

虎鹿猪兔鼠。

古诗

（一）

所见

清 | 袁枚

牧童骑黄牛，
歌声振林樾。
意欲捕鸣蝉，
忽然闭口立。

· 诗意解读

一个放牛的小牧童骑在黄牛的背上，快乐地唱着歌，小道两旁的树林中回荡着他嘹亮的歌声。两旁的树枝上，蝉在高声地鸣叫，小牧童想要捕捉住树上鸣叫的蝉，就迅速闭上嘴停止了唱歌，蹑手蹑脚地站在树旁，生怕惊飞了树上的蝉。

· 考级指导

这首五言绝句是清代文学家袁枚所创作，这首诗描写了生活中的一个小细节，或者是一个瞬间。通过对牧童神态变化的描写，表现了这个放牛的孩子天真活泼的性格以及与大自然融为一体的童真童趣。诗句本身浅显活泼，小朋友朗读时，脑海中尽量去想象诗句描述的画面。前两句可以开心响亮地朗读，转到最后一句“忽然闭口立”时，“忽然”一词快速叼字，“闭口立”三个字的归韵可以短暂发音逐字读出。

（二）

寻隐者不遇

唐 | 贾岛

松下问童子，

言师采药去。

只在此山中，

云深不知处。

· 诗意解读

我在苍松之下询问小学童，问他师傅去哪里了。他说，师傅外出采药去了。他还告诉我说，师傅就在这座大山里，不过山中云雾缭绕，不知道师傅的行踪具体在哪里。

· 考级指导

这首诗采用的是问答体的形式，通过几问几答，以答句包含问句的方式，把问句隐含其中，用极其简洁的笔墨描写了当时多次问多次回答的情景。小朋友在朗读的时候，可想象自己置身山中松树下，在跟“小学童”对话中把全诗背下来。第一句“问童子”与第二句“采药去”两个词语具有问答的逻辑关系，朗读时声音要能够体现出来。

（三）

江雪

唐 | 柳宗元

千山鸟飞绝，

万径人踪灭。

孤舟蓑笠翁，

独钓寒江雪。

· 诗意解读

群山中，鸟儿飞得不见踪影，所有的道路也看不到人的踪迹。一只小船孤零零地飘在江面上，船上坐着一位披戴着蓑笠的老渔翁，风雪中独自一人在寒冷的江心垂钓。

· 考级指导

这首诗语言简洁凝练，意蕴丰富，描绘了一幅幽静寒冷的画面。小朋友在朗读的时候，注意上句与下句之间的呼应。比如“千山”与“万径”、“绝”与“灭”这些词语应在声音上进行区分与呼应。第一句语势稍微扬高一些；第二句语势用下降式；第三句语势可平推出去，本句最后三个字“蓑笠翁”，按照现代汉语词的轻重格式，属于“中中重”格式，最后一个“翁”字可稍重一些。再加上从全诗整体来看，人才是最有生命力的存在，所以可在表达“翁”时，阴平调值整体拔高上移，让“翁”再上一个高度，下句“独钓”音值拉开，韵腹饱满，“寒江雪”用中声音区表达，最后落到最低音的上声字“雪”，调值稍微抻开，将诗的韵味铺展出去。

（四）

悯农（二）

唐 | 李绅

春种一粒粟，

秋收万颗子。

四海无闲田，

农夫犹饿死。

· 诗意解读

春天播下一粒种子，到了秋天就可以收获很多很多粮食。普天之下，没有荒废不种的田地，但辛勤劳作的农民却仍然会被饿死。

· 考级指导

这首诗的第一句和第二句当中的一个“种”字、一个“收”字，赞美了农民的辛苦劳动，由“一粒粟”到“万颗子”具体形象地描述了丰收的景象。小朋友在朗读的时候，可以用肯定赞美的语气来表达农民的辛劳。而后两句，整个诗句的基调有了变化，尤其是最后一句，“农夫犹饿死”，语势下降，增加感慨凝重的色彩，从而引发人们的思考。

（五）

逢雪宿芙蓉山主人

唐 | 刘长卿

日暮苍山远，

天寒白屋贫。

柴门闻犬吠，

风雪夜归人。

· 诗意解读

当夜暮降临的时候，芙蓉山在暮色中愈发显得苍茫遥远。天气越来越寒冷，居住在简陋的茅草屋里的贫苦人家显得更加一贫如洗。柴门外忽然传来狗叫声，原来是有人冒着风雪连夜回归家门。

·考级指导

这首诗主要描述了诗人暮夜投宿，碰到芙蓉山主人在风雪之夜晚归的情景。每一句诗都是一幅独立的画面，诗中有画，画中见情。尤其是后两句，从听到的声音上去描述，展示了一个犬吠人归的场面。全诗在表达的时候，四句诗均可以采用“二／三”的停顿格式去读出诗的节奏感。

（六）

梅

宋｜王安石

墙角数枝梅，
凌寒独自开。
遥知不是雪，
为有暗香来。

· 诗意解读

墙角伸出几枝梅花，冒着严寒在独自盛开。远远望过去就知道那洁白的是梅花并不是雪，是因为梅花隐隐传来了阵阵香气，让人们能够得出这样的判断来。

· 考级指导

这首诗是王安石改革受挫两次被免官之后写下的诗句，作者的孤独心态和艰难处境与傲雪凌霜的梅花有着共通的地方。那处在僻静冷清的墙角却依然冲破严寒傲然怒放送出暗香清幽的梅花体现出了不畏严寒的高洁品性，诗人对梅花的赞赏也体现了诗人坚持自我的信念与身处艰难处境而不畏惧的品质。小朋友在朗读时除了尽量理解诗的内涵外，还要注意声母的处理要稍显得有力一些，从而体现出诗人内心的坚定与不屈。

（七）

绝句（一）

唐 | 杜甫

迟日江山丽，

春风花草香。

泥融飞燕子，

沙暖睡鸳鸯。

· 诗意解读

春日阳光普照，沐浴在春光下的江山显得格外秀丽迷人，阵阵的春风送来了花草的芳香。春暖花开，随着春天的来临，冰冻的泥土不再坚硬而逐渐融化变得松软潮湿，燕子飞来飞去，衔泥筑巢，被阳光照得暖洋洋的沙子上还睡着成对的鸳鸯。

· 考级指导

这首诗描绘了春回大地、春意盎然的画面，和煦的春风伴着花草的清香，秋去春归的燕子，湿润清新的泥土，成双成对的鸳鸯在温暖的沙地上相依相伴。小朋友在朗读时配合诗的意境，嘴角要向两边展开，微笑着去感受和表达，才能更好体现出春天的情趣来哦！

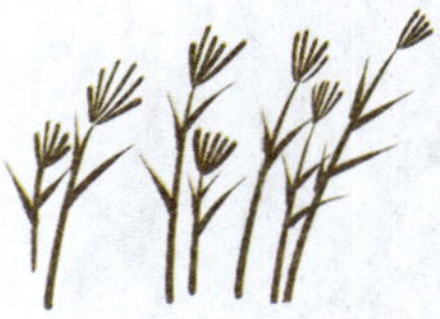

（八）

江上渔者

宋 | 范仲淹

江上往来人，

但爱鲈鱼美。

君看一叶舟，

出没风波里。

· 诗意解读

江上来来往往的人们，只喜爱鲈鱼的美味。你看江中那渔人驾着一叶小舟，在大风大浪里忽隐忽现（是多么地不容易）。

· 考级指导

这首诗是北宋诗人范仲淹当时主政苏州、察看水情的时候，目睹江中一叶扁舟，在风急浪高的水面忽浮忽沉，心生感慨赋诗而作。这首诗反映了江上渔民的辛劳，人们所喜爱的鲈鱼之美完全是靠渔民用性命在江水的风浪中换来的。小朋友在背诵的时候，尤其要注意第四句的处理，语势下降，语速放缓，顺着上声的“里”字低处收尾，从而体现出感慨颇多的韵味来。

（九）

鸟鸣涧

唐 | 王维

人闲桂花落，

夜静春山空。

月出惊山鸟，

时鸣春涧中。

· 诗意解读

周围没有其他人事的活动打扰，静谧的夜里能听到桂花无声地飘落，夜晚的山谷里是如此寂静空旷。明月升起的光辉竟然惊动了山中栖息的飞鸟，它们时不时地高飞鸣叫，鸟鸣声在这春天的溪涧中久久回荡。

· 考级指导

这首诗描绘了山间春夜中幽静而美丽的景色，正是因为夜间山谷如此幽静，才让人能够觉察到桂花从枝上落下的细微动静。“花落”“月出”“鸟鸣”，这些都是“动”的景或物，景物的“动”更加突出地显示了春涧的幽静。小朋友在朗读的时候，声音不要太洪亮，不管不顾地大声吆喝反而破坏了诗的意境。大家可以去找夜深人静不能高声说话要稍微控制一下的声音状态，朗读的语速也尽量地稍慢一些。同时面带微笑，脑海中去想象诗中描绘的画面，帮助读出身临其境的意味来。

（十）

山中送别

唐｜王维

山中相送罢，
日暮掩柴扉。
春草明年绿，
王孙归不归？

· 诗意解读

在山中送别朋友回来，天色已晚，在暮色里关掩上了柴门。今年的小草到了明年春天草色依然会泛绿，可是我远去的朋友啊，会不会归来呢？

· 考级指导

这首诗表达了诗人思念友人的感情。诗人白天送别友人，一直到日暮还为离情别意所笼罩。明明刚刚分手道别，心中已经在期盼他早日归来，唯恐其久不回归了。全诗的语言朴素、自然，情感深厚、真挚，小朋友在朗读时，尽量去体会诗人思念友人的情绪，声音运用稍微低沉一些，归韵时音值拉开托住，增加意味深长的情感。

话题表达"我的自画像"

内容自备

三级

主持考级内容与要求

1. 绕口令背诵：从指定绕口令篇目中抽选两个绕口令进行背诵。
2. 古诗背诵：从指定古诗篇目中抽选两首古诗进行背诵。
3. 话题表达“我和我的幼儿园生活”：向主考老师介绍一下你自己和你的幼儿园生活，时长不少于30秒。
4. 听说互动：认真倾听录音，按照听到的内容跟主考老师进行口语互动，时长不少于30秒。

三级

一、主持考级标准

主持考级时，站姿端正，声音洪亮，口齿清楚，语言基本连贯；能主动与主考老师应答交流；语速适中，状态热情积极，表达自然、大方、从容、自信；描述或复述话语基本清楚、准确。

三级

二、主持考级提示

三级的主持考级分四项，分别是绕口令背诵、古诗背诵、话题表达“我和我的幼儿园生活”、听说互动。为方便小朋友考级以及老师辅导培训，下面分别对这四项进行考级提示说明。

一、绕口令背诵考级提示及范例

三级的绕口令考级篇目主要面向六岁左右的小朋友，本年龄段的小朋友即将步入小学，大部分孩子基本能做到清楚地说话交流，较为顺畅地表达想说的意思。本级别绕口令的选择增加了趣味性与节奏感较强的篇目，重点突出了发音稍微有点难度的韵母“ü”；声母为“b”“p”“m”的“双唇阻”绕口令和声母为“d”“t”的“舌尖中阻”绕口令，主要是帮助增加唇舌的力量和灵活度。

韵母“ü”发音时，口腔微微张开，嘴唇拢成圆形，略向前突起，唇形看起来像是在吹笛子。

“双唇阻”声母“b”“p”“m”的发音强调嘴唇的力量，比如，“b”“p”的发音，需要双唇闭合阻气有一定力度，气流冲破双唇阻碍喷弹发音时，也要轻短有力。“双唇阻”声母“b”“p”“m”的绕口令练习的目的是，让主持考级的孩子从基础级别开始就要重视双唇在吐字时的重要作用。

“舌尖中阻”声母“d”“t”的发音强调舌头的力量，舌尖抵住上齿龈阻气有一定力度，气流冲破阻气部位喷弹发音时，也要轻短有力。声母“d”“t”的绕口令比较简单有趣，目的是让孩子了解舌头在说话发音时的重要作用，要重视舌头发音时力度和灵活度的锻炼。其中“舌尖中阻”声母“n”“l”发音难度稍大一些，将在更高级别的训练中体现。

下面我们以本级别中的“双唇阻”绕口令《板凳和扁担》为范例进行考级提示说明：

范例：

板凳和扁担

板凳宽，扁担长，板凳扁担比宽长，

扁担没有板凳宽，

（那个）板凳没有扁担长。

你说扁担怪不怪，

扁担要绑在板凳上，

板凳不让扁担绑在板凳上，

（那个）扁担偏要绑在板凳上。

《板凳和扁担》这个绕口令重点训练了“双唇阻”声母“b”和“舌尖中阻”声母“d”，发音时，双唇和舌尖弹动都要有力。在说清楚“板凳”“扁担”两个词语的基础上，句子中的“绑”（声母“b”）也要叼住，有力弹出去。

这个绕口令我们可以打着节拍来说，两个字一拍去找节奏感，就会增加一定的趣味性。

二、古诗背诵考级提示及范例

三级古诗选取是在五言古诗基础上增加了七言古诗。古诗是中国传统文化的重要组成部分，是千百年流传下来的语言精华，是我们中华民族文化的瑰宝。古诗意境悠远，给人以丰富的想象。古诗背诵对小朋友语言材料的积累、情感的体验都有很大帮助，可以感受古诗特有的韵律和节奏，进一步继承和弘扬民族文化、传统文化。我们以考级篇目中的古诗《小儿垂钓》为范例进行古诗背诵考级提示说明。

范例：

小儿垂钓

唐丨胡令能

蓬头稚子学垂纶，

侧坐莓苔草映身。

路人借问遥招手，

怕得鱼惊不应人。

《小儿垂钓》这首古诗是唐代诗人胡令能所写，这首诗描写了一个头发蓬乱可爱的小孩儿聚精会神学垂钓的情景。他侧着身子坐在青苔上，绿茵茵的小草映衬着他的身影。一个过路人本来想向“小儿”打听一些事情，“小儿”远远地摆手担心惊扰了他的鱼不做任何回应。这首古诗通过典型细节的描写，传神地再现了“小儿”极其认真垂钓的童心和童趣。诗中描写的“垂钓小儿”的画面生动形象、清新活泼、活灵活现、形神兼备，让

人读了意趣盎然。

古诗语言凝练，言简意赅，富有节奏。这首古诗的诗句我们可以划分成“二／二／一／二”的停顿格式，体现出节奏感来。在背诵时，第一句就要结合诗中描绘的清新童趣的垂钓画面读出活泼感。“蓬头／稚子／学／垂纶”，背诵时嘴角带着微笑，眼前仿佛看到了“小儿”正在垂钓的画面。诗句最后两个字“垂纶”做语势上扬处理，增加句子的动感。第二句“侧坐／莓苔／草／映身”中的“侧坐”与第一句中的“学”都是“小儿”发出的动作，读的时候要有动作的顺势承接感。“草”在声调中属于第三声，起音非常低，与前面的“侧坐莓苔”上扬的语势形成高低起伏的对比，“映身”一词顺“草”势音高较低、音色虚实结合去处理，有对比有变化，节奏感就出来了。第三句“路人／借问／遥／招手”，语势语气重起，通过“路人／借问”做语势上扬处理，引入新的情节进展。“遥／招手”是“小儿”从“学”到“侧坐”再到“招手”的另一个动作，并且这个“招手”动作更生动地把“小儿”当时认真垂钓的神态淋漓尽致地刻画了出来，“遥招手”可以处理得语速稍微快一些，为下句的解释做铺垫。最后一句"怕得/鱼惊/不/应人"，解释了上句为什么"路人借问遥招手"，原来是"怕得鱼惊不应人"，那么表达最后一句时，语气带一些解释，再带一些忍俊不禁的笑意，语速放慢，把小孩子的心理过程细致地呈现出来。

要提醒小朋友的是，诗句"怕得鱼惊不应人"中的"不"，原本是去声，也就是常说的第四声，但是根据"不"在去声字前面要改读阳平调的变调规律，在这里要读它的变调阳平调，也就是常说的第二声。

另外，在理解诗句时，也有人认为"路人借问遥招手"中的"遥招手"是过路人发出的动作，是路人为了问路冲着"小儿"远远地招手。但是细细思考，并非如此。"小儿"既然如此聚精会神地关注他的垂钓，他的眼睛应该一眨不眨地盯着自己的鱼竿才对，不会像我们所熟知的《小猫钓鱼》故事当中的小猫那样三心二意、左顾右盼。"路人借问"的"问"已经表示发出了问的声音，聚精会神专注垂钓的"小儿"对于"借问"的最直接反应当然是"遥招手"了。

最后提醒大家，古诗背诵的时候，尽量去展开联想和想象，去感悟诗句意思与内涵，读出诗的停顿、语调，读出感情与韵味。

三、话题表达“我和我的幼儿园生活”考级提示及范例

三级话题表达“我和我的幼儿园生活”主持考级环节与二级“我的自画像”相比有了新的要求，那就是时长方面的约束，即不少于30秒。介绍的信息不限于姓名、年龄、幼儿园、兴趣爱好、家庭住址、家庭成员、父母职业等，小朋友们可以在时长要求内自由发挥，有创意地介绍自己和自己的幼儿园生活。我们看下面“我和我的幼儿园生活”主持考级范例。

范例：

老师好，我叫xxx。

您别看我个头儿长得小，我已经过完6岁生日，马上

就要上小学啦！听说上小学要学习汉语拼音，可以认识很多字。哈哈，汉语拼音可是我的强项，告诉您，我在 xxx 幼儿园大班的时候就已经会用拼音认识汉字啦！说实话，我也不知道自己到底认识了多少汉字，反正走到大街上，我看到的所有的门牌号、商场酒店的名字我都能读出来。我认识那么多汉字，连幼儿园的老师都很惊讶呢！

结合三级主持考级标准当中“语速适中”的要求，小朋友在进行“我和我的幼儿园生活”主持考级的时候语速不能太慢，介绍的内容上可以有一定的创意。特别需要提醒的是，在“我和我的幼儿园生活”主持考级环节，家长可以帮小朋友提前写出稿子来，但一定不要单纯地背诵考前准备的稿子，而是要把稿子的内容变成口语说出来，要有跟主考老师的交流感。

四、“听说互动”考级提示及范例

“听说互动”主持考级项目分听音回答和听音复述两类，以现场随机播放录音的形式呈现问题与要求，以及复述的内容。该环节主要培养小朋友的注意力、观察力、答问表述能力和听音复述能力，即对见过的事物能基本描述出来，对听到的内容能基本复述出来。听音回答的内容设置，一般结合孩子的生活场景，比如，“你是不是曾经和爸爸妈妈一起逛过超市啊？你记得超市里有哪些物品吗？请说出超市里的三种物品的名字吧。” 下面我们给小朋友提供一个范例供参考。

范例：

我特别喜欢和爸爸妈妈一起逛超市。超市里有很多好吃的、好玩的，我们家里很多东西都是从超市里买的。夏天我最喜欢从超市的冰柜里拿雪糕，不过妈妈说雪糕太凉了，吃多了会坏肚子。我还特别喜欢在超市买各种水果，苹果、桃子、西瓜都是我最喜欢的水果。另外，我每天洗澡用的沐浴露、洗发水也都是在超市里买的。我们每个周末都会去逛超市。

“听说互动”环节因为有互动时间不少于30秒的时长方面的要求，所以小朋友在回答问题进行互动时，不能简单地回答“超市里有雪糕、苹果、桃子、西瓜、沐浴露、洗发水”等，而是要把这些物品与自己跟爸爸妈妈平时在超市购物的基本生活联系在一起，扩充内容，使信息更加丰富。

小朋友们感兴趣的话，就一起来练一练下面的题目吧！再次提醒，在做练习的时候，最好不要只是简单机械地用词语来回答问题，而是要使用完整的句子。

· 幼儿园里有哪些好玩的东西？请跟我们说一说吧。
· 厨房里面都有什么？请具体说明其中一件物品的用途。
· 你的家里都有哪些家具？请说一说其中一件家具的外观或用途。
· 你最喜欢动物园里的什么动物？请说一说它的样子。
· 你最喜欢的玩具是什么？请说一说这件玩具的外观、颜色等。
· 你最喜欢吃的食物是什么？请说一说它的味道。
· 你最喜欢的体育运动有哪些？请说出你喜欢它们的

原因。

· 你最喜欢乘坐的交通工具是什么？请说一说它对你的帮助。

· 你最喜欢的好朋友是谁？请说一说你为什么喜欢他／她。

前面介绍了“听说互动”主持考级项目，分为听音回答和听音复述两类，如果小朋友被要求复述听到的内容，那就需要比较完整地把听到的内容重复说一遍。所以小朋友在听录音的时候，注意力一定要集中，同时还需要有基本的记忆能力。

三级

三、主持考级篇目

三级的主持考级篇目分四项，分别是绕口令、古诗、话题表达“我和我的幼儿园生活”及听说互动。

绕口令

（一）

养鱼

大渠养大鱼不养小鱼，

小渠养小鱼不养大鱼。

一天天下雨，

下了一天雨。

大渠水流进小渠，

小渠水流进大渠。

大渠里有了小鱼不见大鱼，

小渠里有了大鱼不见小鱼。

（二）

红鲤鱼与绿鲤鱼与驴（节选）

吕小绿家养了红鲤鱼、绿鲤鱼与驴。
李小莉家养了红驴、绿驴与鲤鱼。
吕小绿家的红鲤鱼、绿鲤鱼与驴
要跟李小莉家的红驴、绿驴与鲤鱼
比一比谁更红谁更绿。

（三）

白萝卜

白须白伯伯，
白发白婆婆，
伯伯扶婆婆，
婆婆扶伯伯。
上了山坡拔萝卜，
白萝卜、红萝卜，
白红萝卜营养多。

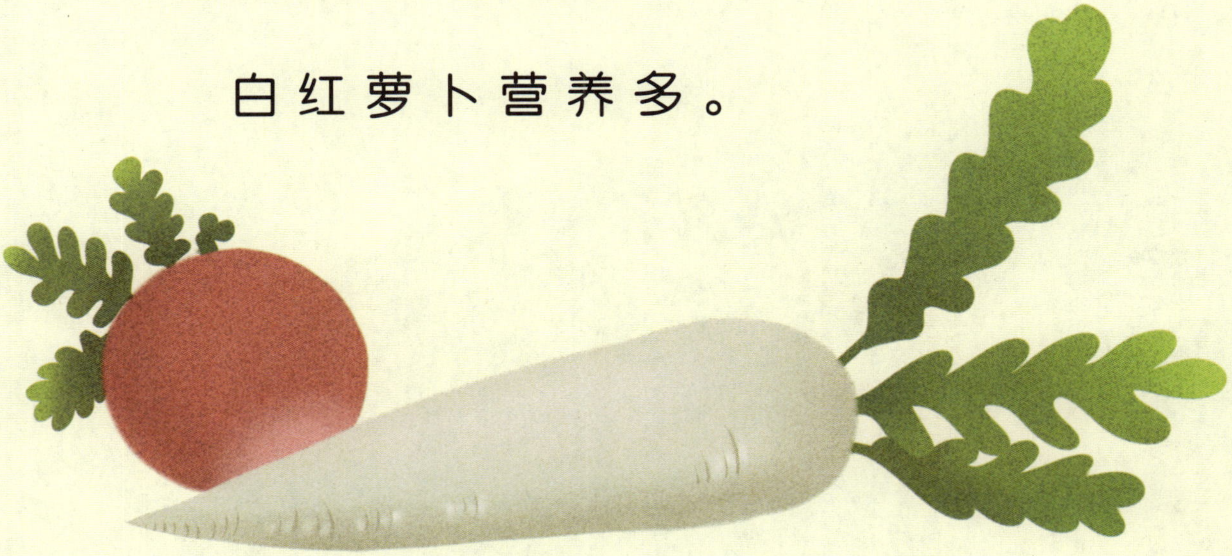

（四）

玻璃棒儿

鼓玻璃棒儿，瘪玻璃棒儿，

鼓玻璃棒儿没有瘪玻璃棒儿瘪，

瘪玻璃棒儿没有鼓玻璃棒儿鼓。

（五）

扁扁娃背扁豆

扁扁娃背个扁口背篓，

上扁扁山拔扁豆。

拔了一扁背篓扁豆，

扁扁娃背不动一扁背篓扁豆，

背了半扁背篓扁豆。

（六）

东洞庭

东洞庭，西洞庭，

洞庭山上一条藤。

风吹藤动铜铃响，

风停藤定铜铃静。

（七）

白庙和白猫

白庙外蹲一只白猫，

白庙里有一顶白帽。

白庙外的白猫看见了白帽，

叼着白庙里的白帽跑出了白庙。

（八）

面铺面冲南

出前门，往正南，

有个面铺面冲南，

面铺外挂着个蓝布棉门帘。

给它摘了那个蓝布棉门帘，

面铺它是面冲南，

给它挂上那个蓝布棉门帘，

面铺还是面冲南。

（九）

老吕和老徐

老吕和老徐，

上街去买鱼。

走到半路天下雨，

俩人都没带雨具。

顾不得上街去买鱼，

先找地方去躲雨。

（十）

板凳和扁担

板凳宽，扁担长，板凳扁担比宽长，

扁担没有板凳宽，

（那个）板凳没有扁担长。

你说扁担怪不怪，

扁担要绑在板凳上，

板凳不让扁担绑在板凳上，

（那个）扁担偏要绑在板凳上。

古诗

（一）

古朗月行（节选）

唐｜李白

小时不识月，

呼作白玉盘。

又疑瑶台镜，

飞在青云端。

· 诗意解读

小时候不认识月亮，总是把明月叫作白玉盘。又怀疑是瑶台仙镜，飞在夜空云彩中间。

· 考级指导

这首诗此处的节选部分采用浪漫主义手法，借助丰富的想象表现了儿童时期对月亮幼稚而美好的认识。其中“白玉盘”和“瑶台镜”都用来比作月亮，以此描绘对月亮形状的认识以及月亮像镜子一样透出光的皎洁。我们在朗读时，“白玉盘”语势上扬，读出儿童的天真与稚气；“瑶台镜”的处理，还可以再夸张一些，更高处处理，读出惊奇感；“飞在青云端”，声音音色虚实结合，稍显柔和，表现出月亮的美感来。

（二）

村居

清｜高鼎

草长莺飞二月天，

拂堤杨柳醉春烟。

儿童散学归来早，

忙趁东风放纸鸢。

· 诗意解读

阳春二月时节，草木生长，鸟儿飞舞，轻拂堤岸的杨柳沉醉在春天烟雾般的水汽之中。孩子们放学后早早地回到家，连忙趁着东风把风筝放上蓝天。

· 考级指导

这首诗描写了春日农村的大自然以及孩子们在大好的春光里放风筝的生动情景。“草长莺飞二月天，拂堤杨柳醉春烟”写的是早春二月的时间和自然景物，大地上小草长出了嫩芽，天空中黄莺欢快地飞翔，堤旁柳树柔软而细长的枝条垂下来轻拂地面，仿佛一切都陶醉在春天的烟雾里。我们在朗读时，尤其注意“醉春烟”的表达，上句以“天”字结尾，调值阴平，下句“烟”字依然是阴平调，那么为了读出变化来，“烟”字的阴平调值可以处理得比“天”稍高一些。诗句“儿童散学归来早，忙趁东风放纸鸢”表现了生机勃勃的春天里，富有朝气的儿童的动态，朗读时节奏加快，读出孩子们快乐玩耍的活泼感。

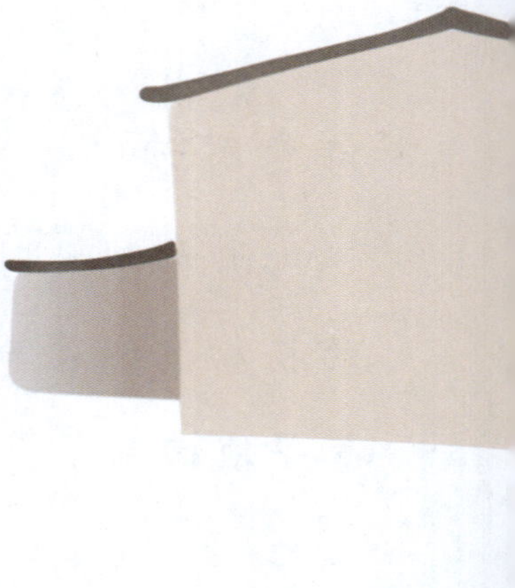

（三）

黄鹤楼送孟浩然之广陵

唐 | 李白

故人西辞黄鹤楼，

烟花三月下扬州。

孤帆远影碧空尽，

唯见长江天际流。

· 诗意解读

我的老朋友在西边的黄鹤楼与我辞别，阳春三月他顺流东下去往扬州。那远去的孤帆的影子渐渐在海天相接的碧空尽头消失不见，只看见浩浩荡荡的长江水向天边奔流。

· 考级指导

这首送别诗主要写了李白在黄鹤楼给孟浩然送行时所见到的景色，表达了两人依依惜别的真挚友谊。诗句“故人西辞黄鹤楼，烟花三月下扬州”写的是送别，老朋友要告别黄鹤楼向东去往扬州。我们在朗读时注意地点的区分，即读出“黄鹤楼”到“扬州”两个不同方位地点的变化。“黄鹤楼”三音节按照“中中重”格式做处理，下句“扬州”属于“中重”格式，但是“州”的阴平调值在音高处理上可以再调高，就能读出不同地点的区分，诗句意思就会更清楚。

第三、四句“孤帆远影碧空尽，唯见长江天际流”主要抒发了诗人与故人离别的感怀。李白送走了孟浩然，独自在黄鹤楼遥望他随着风帆远去，消失在水天相接的碧空，能够看到的只剩下浩浩荡荡的长江流水。作者李白久久伫立着凝望天边的长江流水，表现了他对好友远去的惜别之情。

（四）

夜宿山寺

唐 | 李白

危楼高百尺，

手可摘星辰。

不敢高声语，

恐惊天上人。

· 诗意解读

山顶的寺庙好像有几百尺之高，站在这里仿佛举手都能摘下天上的星星。我真不敢高声说话，唯恐惊扰了天上的神仙。

· 考级指导

这首诗用夸张的艺术手法，形象逼真地描写了山寺之高，给人以丰富的联想。在朗读“危楼高百尺，手可摘星辰”时，声音稍硬朗一些，落到“摘星辰”三字上，语尾上扬，读出山寺屹立山巅、雄视寰宇的非凡气势来。“不敢高声语”的“不敢”一词声音音量收回来，不要太外送，音高从低处接，与上句气势形成对比，愈发表现出山寺之高。“恐惊天上人”一句顺势从低处送出，语速稍缓，读出“危楼”与“天上人”的距离之近，再次衬托山寺之高。

（五）

咏柳

唐 | 贺知章

碧玉妆成一树高，

万条垂下绿丝绦。

不知细叶谁裁出，

二月春风似剪刀。

· 诗意解读

高高的柳树枝叶翠绿晶莹像是碧玉梳妆打扮而成，那些低垂拂动的柳枝啊，犹如万千条轻柔美丽的丝带在飘动。那些精巧细致的柳叶不知道是谁仔细地裁剪出来的，二月的春风就好像一把剪刀似的裁出了这些细巧美丽的柳叶。

· 考级指导

这首咏物诗比喻贴切、构思精巧，通过赞美柳树，感叹春风的力量，表达了诗人对春天的无限热爱。诗的前三句都在描写柳树，格调清新活泼，写出了柳树的生机盎然。朗读时尽量读出美感，首句“碧玉妆成一树高”，语势上扬，尤其是“高”字，但是要留有余地给“万条垂下绿丝绦”的“绦”字，由柳树转到对柳枝的描写。第三句“不知细叶谁裁出”又转写柳叶精巧细致的形态美，并作为问题提了出来，第四句自己对问题作了回答，把春风比作剪刀，柳叶就是用春风这把剪刀裁出来的。这样的比喻别出心裁，朗读时突出强调“春风”一词的含义，“似剪刀”可以处理得活泼跳跃一些，甚至逐字蹦出也未尝不可。

（六）

小儿垂钓

唐 | 胡令能

蓬头稚子学垂纶，

侧坐莓苔草映身。

路人借问遥招手，

怕得鱼惊不应人。

· 诗意解读

一个头发蓬乱的小孩子正在学垂钓，他侧着身子坐在青苔上，绿草映衬着他的身影。旁边有个路人想向他问路，他远远地摆着小手，不作应答，唯恐惊动了他的鱼儿。

· 考级指导

这首诗描写了一个小孩子全神贯注学钓鱼的情景。尤其是对于典型细节的描写，栩栩如生、极其传神地再现了儿童那种认真、天真的童心和童趣。我们在朗读时，第一句“蓬头稚子学垂纶”，整体语势上扬，突出小孩子的幼稚顽皮和天真可爱；第二句“侧坐莓苔草映身”，可以采取高接低落的语势形成上下句语势的高低变化。第三句“路人借问遥招手”可以通过气息的变化来转场，“遥招手”应该是钓鱼的小孩子的动作，当路人问话时，他赶紧摆手，以摆手的动作来代替答话。“遥招手”处理时往高处上扬，语速稍微加快，读出小孩子的纯真、童趣和专注。最后一句“怕得鱼惊不应人”，害怕把鱼惊散的“不应人”与上句的“遥招手”相呼应，形成童趣盎然的画面，朗读时音色落回到中声区，微笑着缓缓收尾。

（七）

小池

宋 | 杨万里

泉眼无声惜细流，

树阴照水爱晴柔。

小荷才露尖尖角，

早有蜻蜓立上头。

· 诗意解读

泉眼流水悄然无声，是因为不舍得而形成了细细的水流，树阴倒映在水面，是因为喜爱晴天和风的轻柔。荷花花苞含苞未放刚刚才露出尖尖的角，早就有一只蜻蜓立在它的上头稍作停留。

· 考级指导

这首诗细腻地描写了小池周边自然景物的特征和变化。前两句“泉眼无声惜细流，树阴照水爱晴柔”，用中声区自然表达。需要注意的是，“惜细流”“爱晴柔”中，“流”和“柔”都是阳平调值，表达时要区分开，“柔”的调值可以处理得比“流”再高一些，以表现水面上柔软的枝条婆娑弄影、空灵的样子。后两句“小荷才露尖尖角，早有蜻蜓立上头”中的“小荷”与“蜻蜓”，一个“才露”，一个“早有”，表达了新奇的视角所捕捉的稍纵即逝的景物。为了押韵，诗句最后一句的最后一个字“头”可以不读轻声，读阳平调值即可。

（八）

石灰吟

明 | 于谦

千锤万凿出深山，

烈火焚烧若等闲。

粉骨碎身浑不怕，

要留清白在人间。

· 诗意解读

石灰石只有经过千万次锤打才能从深山里开采出来，它把熊熊烈火的焚烧当作很平常的一件事。即使粉身碎骨也毫不惧怕，甘愿把一身清白留在人世间。

· 考级指导

这首诗风格豪迈，语言质朴自然，不事雕琢，通篇用象征手法，以物比人，表达了作者积极进取的人生态度和大无畏的凛然正气，给人以启迪和激励。首句“千锤万凿出深山”是形容开采石灰石很不容易，我们在表达时声音厚实一些，吐字要有力。次句“烈火焚烧若等闲”的“若等闲”三个字在表达时语势下降，韵母抻开，声音柔和，气息托住，表达出无论面临怎样严峻的考验都能表现得从容不迫。第三句“粉骨碎身浑不怕”的“粉骨碎身”形象地表现出石灰石烧成石灰粉的变化，表达时声母夸张有力叼住，节奏稍快，“浑不怕”语势上扬，表达出气势坦荡、不怕牺牲的无畏精神。最后一句“要留清白在人间”直抒情怀，表达时体现出立志做纯洁清白人的寓意来。

（九）

题西林壁

宋 | 苏轼

横看成岭侧成峰，

远近高低各不同。

不识庐山真面目，

只缘身在此山中。

· 诗意解读

从正面来看，庐山山岭连绵，从侧面来看，庐山山峰耸立，从远处、近处、高处、低处看庐山，庐山都呈现出各种不同的样子。我之所以认不清庐山真正的面目，是因为我自身处在庐山之中。

· 考级指导

这首诗主要对庐山景色进行了描绘，语言浅显，深入浅出，写景中又蕴含哲理。我们在表达时，前两句客观表现从不同方位看庐山留下的不同印象，后两句“不识庐山真面目，只缘身在此山中”要表达出人生感悟：之所以“各不同”，原来是因为“身在此山中”。只有远离庐山，跳出庐山的遮蔽，才能全面把握庐山的真实全貌。由于人们所处的地位不同，看问题的角度不同，对客观事物的认识难免有一定的片面性；要认识事物的真相与全貌，必须超越狭小的范围，摆脱主观成见。我们在表达时，第三句语势上扬，结尾句气息叹下，音色柔和稍虚，顺势抒发感悟，引人深思。

（十）

晓出净慈寺送林子方

宋 | 杨万里

毕竟西湖六月中，

风光不与四时同。

接天莲叶无穷碧，

映日荷花别样红。

· 诗意解读

美丽的西湖到底是六月的西子湖，它秀丽的风光和其他季节大不相同。连天碧绿的荷叶无穷尽，红日与荷花相映，色彩特别鲜艳娇红。

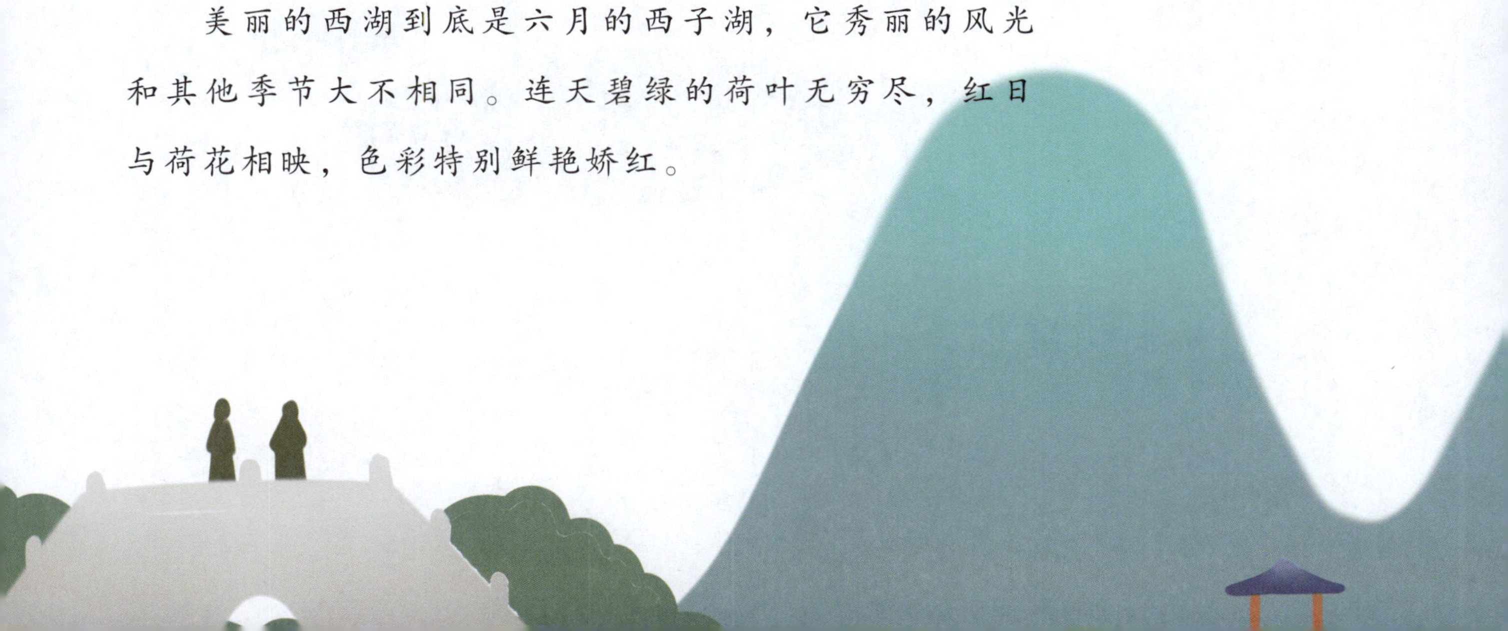

· 考级指导

这首诗的诗句质朴无华，描写了六月西湖风光的独特。我们在开篇朗读表达时，要表现出大惊大喜的直观感受，以强化西湖之美。“接天莲叶无穷碧，映日荷花别样红”这两句具体描绘荷叶与蓝天相融的无穷碧色以及阳光映照下明丽荷花的艳红。我们在表达时，要表现出“接天”“无穷”的气势来，语势高低变化可以稍微夸张，“别样红”声音柔美，节奏稍慢，意味深长，表现阳刚与柔美的和谐统一。

话题表达“我和我的幼儿园生活”

内容自备

听说互动

详见现场录音

主持考级1～3级考级大纲汇总

主持考级内容与要求	一级	1. 绕口令背诵：从指定绕口令篇目中抽选一个绕口令进行背诵。 2. 古诗背诵：从指定古诗篇目中抽选一首古诗进行背诵。 3. 话题表达“我是谁”：向主考老师介绍一下你自己，至少提供姓名、年龄、幼儿园、兴趣爱好、性格特征等三种以上信息。
	二级	1. 绕口令背诵：从指定绕口令篇目中抽选两个绕口令进行背诵。 2. 古诗背诵：从指定古诗篇目中抽选两首古诗进行背诵。 3. 话题表达“我的自画像”：向主考老师描述关于你自己的相关信息，至少提供姓名、年龄、幼儿园、兴趣爱好、家庭住址、家庭成员等五种以上信息。
	三级	1. 绕口令背诵：从指定绕口令篇目中抽选两个绕口令进行背诵。 2. 古诗背诵：从指定古诗篇目中抽选两首古诗进行背诵。 3. 话题表达“我和我的幼儿园生活”：向主考老师介绍一下你自己和你的幼儿园生活，时长不少于 30 秒。 4. 听说互动：认真倾听录音，按照听到的内容跟主考老师进行口语互动，时长不少于 30 秒。
主持考级标准	一级	主持考级时，站姿端正，声音洪亮，口齿基本清楚，语言基本连贯，能主动与主考老师应答交流。
	二级	主持考级时，站姿端正，声音洪亮，口齿清楚，语言基本连贯；能主动与主考老师应答交流；表达自然、大方。
	三级	主持考级时，站姿端正，声音洪亮，口齿清楚，语言基本连贯；能主动与主考老师应答交流；语速适中，状态热情积极，表达自然、大方、从容、自信；描述或复述话语基本清楚、准确。

中国艺术科技研究所全国通用考级教材

主持考级

青少组（中）

4~6级

主编：刘宇　陈鑫

副主编：陈斌斌　吕彦锋　卢茜

中国戏剧出版社

图书在版编目（CIP）数据

中国艺术科技研究所全国主持考级教材. 青少年组：
上中下 / 刘宇，陈鑫主编. —— 北京：中国戏剧出版社，2020.4
ISBN 978-7-104-04935-7

Ⅰ. ①中… Ⅱ. ①刘… ②陈… Ⅲ. ①主持人－语言
艺术－水平考试－教材 Ⅳ. ① G222.2

中国版本图书馆 CIP 数据核字（2020）第 060096 号

中国艺术科技研究所全国主持考级教材 —— 青少年组（上中下）
责任编辑：齐钰　赵成伟
责任印刷：冯志强

出版发行：中国戏剧出版社
出 版 人：樊国宾
社　　址：北京市西城区天宁寺前街 2 号国家音乐产业基地 L 座
网　　址：www.theatrebook.cn
电　　话：010-63385980（总编室）
传　　真：010-63383910（发行部）

读者服务：010-63387810
邮购地址：北京市西城区天宁寺前街 2 号国家音乐产业基地 L 座（100055）

印　　刷：廊坊市瑞德印刷有限公司
开　　本：889mm X 1194mm　1/16
印　　张：31
字　　数：750 千字
版　　次：2020 年 4 月北京第 1 版第 1 次印刷
书　　号：ISBN 978-7-104-04935-7
定　　价：178.00 元（上中下）

前言

党的十八大提出了深化文化体制改革、推动社会主义文化大发展大繁荣、建设社会主义文化强国的重大战略目标。党的十九大提出了新时代文化建设的基本方略，明确了文化建设在中国特色社会主义建设总体布局中的定位，提出了文化自信是建设社会主义文化强国的动力之源。随着人民物质生活水平的不断提高，人民对文化生活有了新的需求，社会艺术教育发展蒸蒸日上，社会艺术水平考级也日趋受到重视和认可。现阶段，蓬勃发展的社会艺术水平考级活动，作为一种有广泛群众基础的社会现象，已经成为专业艺术教育的一种补充形式。

作为文化和旅游部直属的艺术科研机构，中国艺术科技研究所（以下简称艺科所）在数字艺术研发、舞台安全检测与标准制定、艺术品科学研究与鉴定、特色化社会艺术考级等方面都取得了较大成绩。特别是在艺术考级工作方面，我们遵循特色化要求，探索特色化发展路径，考级人数从最初的几万人发展到百万人次以上。为了做强做精艺科所社会艺术水平考级品牌，我们参与完成了《社会艺术水平考级机构备案管理要求》《社会艺术水平考级专业分类要求》《社会艺术水平考级考试服务流程要求》《社会艺术水平考级考点考场设置及环境要求》4 项国家标准，并严格按照标准提供考级服务。

自 2004 年开展考级活动以来，我们本着普及艺术教育，弘扬民族文化发展为己任，始终把规范化作为考级可持续发展的基础，严格按照文化和旅游部《社会艺术水平考级管理办法》开展考级工作。目前承办中国艺术科技研究所考级的承办单位覆盖全国 33 个省级行政区，考级地域辐射广阔，考生层面众多，不仅为推动社会主义文化大发展大繁荣上做出了积极贡献，更为地方的文化建设与发展、艺术教育普及、艺术人才培养贡献出自己的一份力量。

为更好促进青少年儿童听说能力的发展，培养青少年儿童的语言理解能力、口语组织能力、口头表达能力及即兴反应能力，展示出新时代青少年儿童阳光自信、积极乐观、思维灵活、大方得体的精神风貌，提升全民族语言表达综合素质，我们特别成立了全国主持考级专家指导委员会，在全国范围内重点面向学龄前儿童、国家九年义务教育学生开展主持等级考试。

主持考级是以普通话语言表达为主的艺术创造活动。它既是青少年儿童完成语言学习教育任务的一项重要基本功的表现方式，也是涵盖智商、情商以及艺术表演的综合表现方式，既有利于青少年儿童智力发展，提高语言表达能力，又有利于青少年儿童接受艺术熏陶，促进良好道德品质的养成。

根据2012年发布的《国家中长期语言文字事业改革和发展纲要（2016-2020）年》文件精神，教育系统已开始有目的、有选择、有计划地扩充语言考试教材的案例，这对激发中小学生语言文字学习积极性、提高文学素养、从小着手培养语言表达能力具有深远的意义。目前，文化和旅游部已将主持考级项目正式列入社会艺术水平考级推荐目录中，将其作为提高全民文化艺术素质的一项工作，希望充分利用社会力量扩大推广阵地，创新传播方式，提升趣味实用性，以艺术表现手段更好为国家语言文化战略服务。

为此，由中国著名语言教育家、播音主持理论家、中国传媒大学播音主持艺术学院前院长李晓华教授任总顾问，组织国内高校播音主持专业著名教授及业界一线著名播音员、主持人经过近两年的研讨，制定出主持考级大纲，研发编写了本套规范、权威的主持考级教材。希望孩子们能够经过教材学习，通过主持考级，像媒体播音员一样标准发音，像主持人一样侃侃而谈。无论在现在的学习生活场景，还是将来步入社会，都能够大方、自信、得体地与人交流，准确清晰地表述自己的思想，体现出新时代艺术人才的朝气蓬勃与良好的综合素质。

主持考级不仅是一项文化事业，更是一项肩负中华汉语文化普及与教育的重大工程。语言是文化的载体，语言也是快速促进文化传承与传播的重要手段。我们有责任、有信心、有力量规范有序推进主持考级工作，更好服务国家语言文化战略，推动这项伟大事业快速发展！

目录 / CONTENES

四级

五级

目录 / CONTENES

六级

四级

主持考级内容与要求

1. 绕口令背诵：从指定绕口令篇目中抽选一个绕口令进行背诵。
2. 古诗文背诵：从指定古诗或小古文篇目中抽选一篇进行背诵。
3. 看图说话：根据所提供的图片，准备10分钟，模拟主持的方式，说出图中的信息，并做简单的描述，要求能说出图片提供的5个具体信息点。

四级

一、主持考级标准

主持考级时，仪态自然，着装正式，站姿端正，声音洪亮，口齿清晰，语音标准，表达流畅，应答自如，思维敏捷，反应迅速，语言描述图片准确，与考官交流自然大方。

四级

二、主持考级提示

四级的主持考级分三项，分别是绕口令背诵、古诗文背诵，以及“看图说话”。为方便考生考级以及老师培训辅导，下面分别对这三项进行考级提示说明。

一、绕口令背诵考级提示及范例

四级的绕口令考级篇目选取，注重声母的训练和复杂程度的提升，主要声母有d、t、n、l；g、k、h；j、q、x等。我们以篇目《打特盗》为例进行考级提示说明。

范例：

打特盗

调到敌岛打特盗，
特盗太刁投短刀。
挡推顶打短刀掉，
踏盗得刀盗打倒。

普通话声母的发音部位有七种，双唇音（b p m）、唇齿音（f）、舌尖前音（z c s）、舌尖中音（d t n l）、舌尖后音（zh ch sh r）、舌面音（j q x）、舌根音（g k h），这里以绕口令《打特盗》为例，说明舌尖中音声母d和t的练习方法和要领。声母都在字音（音节）的开头，气流从肺部呼出，在口腔内受到阻碍形成声音。“d”“t”这两个声母是舌尖中音，是由舌尖与上齿龈接触形成阻碍，气流在这一部位冲破阻碍继而发出声音。绕口令《打特盗》第一句“调到敌岛打特盗”，除了“特”字，其余都是以“d”为声母的字，在初练绕口令时，首先要把字咬准，字音发清楚。比如d，要注意舌尖抵住上齿龈，并且要用些力，然后突然放开，气流才能爆发而出，这里要注意，虽然是爆发而出，但是冲出的气流较弱。绕口令第二句“特盗太刁投短刀”，声母“t”的字，有“特”“太”“投”，发“t”音，要领和“d”基本相同，但不同的是，冲出的气流比较强。我们把气流较弱的d称为“不送气”声母，把气流较强的t称为“送气”声母，在练习时可以自行体会一下。练习时还应注意要由慢到快，不能一味图快而忽视了吐字的清晰度。

二、古诗文背诵考级提示及范例

范例：

望庐山瀑布

唐丨李白

日照香炉生紫烟，
遥看瀑布挂前川。
飞流直下三千尺，
疑是银河落九天。

这首诗相传是李白在唐玄宗开元十三年（725 年）前后，出游金陵途中初游庐山时所作，具有极强的画面感。用今天的话来说，李白不仅是一位伟大的诗人，还是一个高水平的画家或者摄影师，因为他的诗非常直观地给我们呈现出了一幅壮阔的山水美景。据资料记载，以“香炉”为名的山峰，在庐山有四座，因水气凝结峰顶，云雾弥漫如香烟缭绕，故命名为香炉峰，最为著名的是南香炉峰。本诗大意为：香炉峰上的白烟缭绕在蓝天白云间，透过弥漫的水气，在阳光的照射下升腾出了紫色的烟雾。远远看去，瀑布像一条白绸绢被挂在山前，湍急的水流从高峻陡峭的山上倾泻下来，看上去有几千尺那么高，又像是从云端飞流而下，好似天上的银河落到了人间。

结合诗的大意，首先要注意断句的位置。其实理解了古诗的意义，断句并不是问题。《望/庐山/瀑布》：日照/香炉/生紫烟，遥看/瀑布/挂前川。飞流/直下/三千尺，疑是/银河/落九天。需要注意的是，断句并不是刻意的按照标注来进行，断句处停顿的时间可依据情感来掌握。首句情感渐入，重音在"紫烟"；第二句突出"挂"在"前川"，要有感慨的语气，"前川"可用语气延续表示感叹美景；第三句语速可稍快，以显示水流湍急而下，重音在"三千尺"，突出瀑布的气势如虹；第四句相对第三句可放慢语速，但语气更为感慨，尤其是"九天"，可尝试大胆地慢下来，采取结尾声音往上走并采用语气延续的方式抒发心中的感叹。

指导学生诵读这首古诗，可以采取画面引导的方式，利用图片、视频，更直观地为学生呈现具体的场景，发挥他们的想象力，获得对诗歌意境的真切感受，使学生在有理解、有情感的基础上进入表达状态。

三、"看图说话"考级提示及范例

范例 1:

大家好!

我是主持人XXX,现在由我为您介绍这幅图片:

这幅图片中有一只凶狠的大恐龙，它有着尖利的牙齿，大大的嘴巴，和黄绿色的眼睛，两个前爪似乎要去抓住它的猎物。

范例1比较简单的说出了图片中的五个信息，并且运用了一些形容词，还使用了比喻的方法。

范例 2:

大家好！

我是主持人 XXX，现在由我为您介绍这幅图片：

图片中展示的是一只凶狠的大恐龙！它有着一个长脖子，好像马上要从绿色的森林里冲出来！它张开血盆大口，露出尖尖的牙齿，似乎要吃掉什么，真是太可怕了！

范例 2 更为形象生动，除了信息的介绍还有感叹，在表述时可加入模仿动作和夸张的表情。

范例 3:

大家好！

我是主持人 XXX，现在由我为您介绍这幅图片：

图片显示的是，在森林中，一只凶狠的恐龙即将从树丛中冲出来！它有着锋利的牙齿，黄绿色的眼睛，咖色的带有褶皱的皮肤，两个前爪有着尖尖的黑色的指甲，每个前爪上都有三根指头，它好像在等待它的猎物，又好像马上要扑向它的猎物，它张着嘴巴，看上去好像饿极了！

范例3显示出对信息细节的描述，并展开了一定的合理联想，同时也更为生动有趣。

下面提供5幅图片供大家练习使用。

练习图1

练习图2

练习图 3

练习图 4

练习图 5

四级

三、主持考级篇目

四级的主持考级篇目分三项，分别是绕口令、古诗文和“看图说话”。

绕口令

（一）

两对鸟

梁上两对倒吊鸟，

泥里两对鸟倒吊。

可怜梁上的两对倒吊鸟，

惦记泥里的两对鸟倒吊；

可怜泥里的两对鸟倒吊，

也惦记梁上的两对倒吊鸟。

（二）

打特盗

调到敌岛打特盗，

特盗太刁投短刀。

挡推顶打短刀掉，

踏盗得刀盗打倒。

（三）

牛郎恋刘娘

牛郎恋刘娘，
刘娘念牛郎。
牛郎牛年恋刘娘，
刘娘年年念牛郎。
郎恋娘来娘念郎，
念娘恋娘念郎恋郎，
念恋娘郎。

（四）

哥挎瓜筐

哥挎瓜筐过宽沟，

赶快过沟看怪狗，

光看怪狗瓜筐扣，

瓜滚筐空哥怪狗。

（五）

黑黑和灰灰

黑黑和灰灰，

两人去推水。

黑黑推水，

灰灰帮黑黑，

灰灰推水，

黑黑帮灰灰。

（六）

黄贺和王克

一班有个黄贺，二班有个王克，

黄贺、王克二人搞创作，

黄贺搞木刻，王克写诗歌。

黄贺帮助王克写诗歌，

王克帮助黄贺搞木刻。

由于二人搞协作，黄贺完成了木刻，

王克写好了诗歌。

（七）

小花鼓

一面小花鼓，

鼓上画只虎，

宝宝敲破鼓，

妈妈拿布补，

不知是布补鼓，

还是布补虎。

（八）

老棋迷

两个老棋迷，一起来下棋。

棋迷老李要吃棋迷老齐的车，

棋迷老齐不让棋迷老李吃车。

不知棋迷李胜过棋迷齐，

还是棋迷齐胜过棋迷李。

（九）

1和7

1 是 1，7 是 7，17 是 17。

17 倒过来，便是 71。

71 去掉 1，变成一个 7。

17 去掉 7，剩下一个 1。

7 后加个 7，变成 77。

77 倒过来，仍是 77。

（十）

编细席

一席地里编细席，

编得细席细又密。

编好细席戏细席，

细席脏了洗细席。

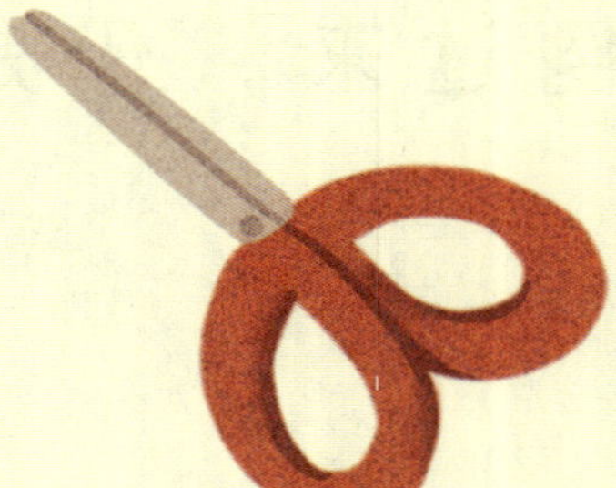

古诗文

（一）

江南

汉乐府

江南可采莲，

莲叶何田田。

鱼戏莲叶间。

鱼戏莲叶东，

鱼戏莲叶西，

鱼戏莲叶南，

鱼戏莲叶北。

· 诗意解读：

风景秀丽的江南又到了适宜采莲的季节，荷叶生长得很茂盛，层层叠叠挨在一起，在茂密的荷叶下面，欢快的鱼儿游来游去嬉戏玩耍，一会游到东，一会游到西，一会游到南，一会游到北。

· 考级指导：

《江南》是一首被汉乐府收录的汉代民歌。这首诗描绘了江南农民在采莲时，看到鱼儿在莲叶间穿梭嬉戏，带给人们无比欢愉的劳动场景。它通过大量运用重复的句式和互文的手法，营造出轻快、明朗的氛围，让读者仿佛听到了农民的欢声笑语。

这首诗基调朴素、清新。在表达时应采用喜悦、亲切的语气，发自内心地将喜悦之情溢于言表。尤其在读到诗句“鱼戏莲叶东，鱼戏莲叶西，鱼戏莲叶南，鱼戏莲叶北”时，需特别注意眼神、表情的配合。可以设想自己所处的地方就是“莲叶田田的池塘”，你站在渔船上，眼神和手势分别向“东、西、南、北”四个方向示意，仿佛真的看到了“东、西、南、北”四个方位嬉戏的小鱼，给人身临其境的感觉。

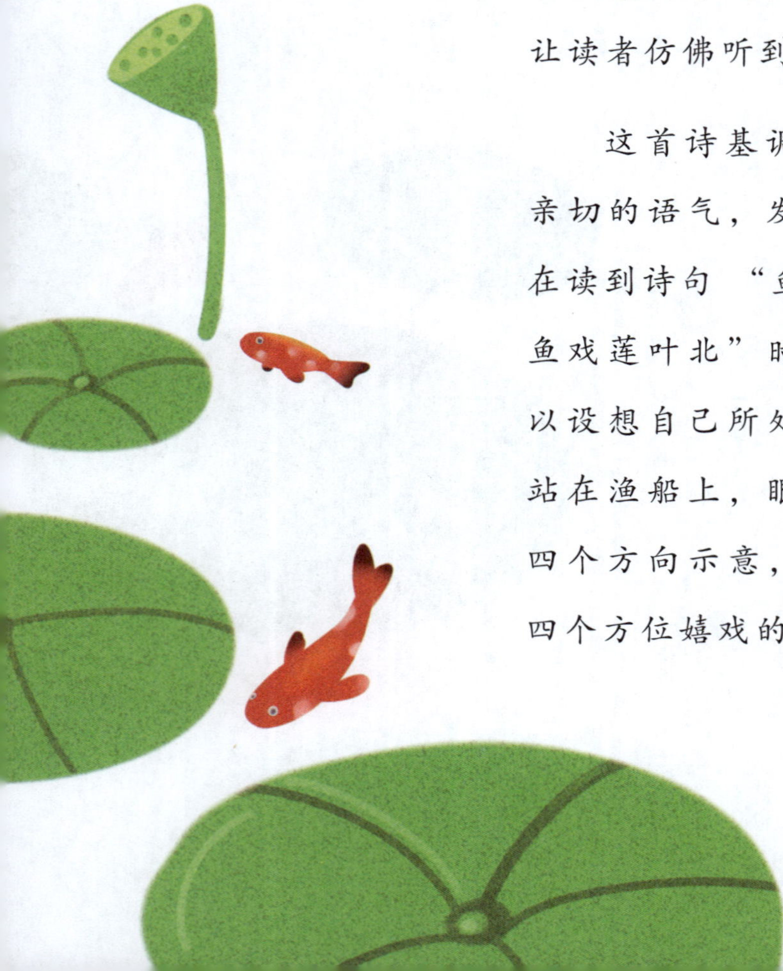

（二）

画

唐 | 王维

远看山有色，

近听水无声。

春去花还在，

人来鸟不惊。

· 诗意解读：

从远处望山，山景呈现出一片明丽的色彩，走近聆听山间的溪水，却听不到流水的声音。春天虽然已经过去了，但是美丽的花朵还在争奇斗艳地开放，看到有人接近，鸟儿们也没有感到丝毫的害怕。

· 考级指导：

王维的这首《画》是一首充满趣味的诗。诗人通过“远看，近听”的位置变化，多角度欣赏山色和水声。用“春去花还在，人来鸟不惊”的描述来点题，是“画”将春色和小鸟永远定格。因此，诗中前两句在表达时，应注意从音量的强弱及虚实的变化中，表现出“远”和“近”、“有色”和“无声”的区别。在表达时，要注意眼神的方位感。后两句相对平实，但仍需稍突出“花还在”及“鸟不惊”的语气重音，但不要强调过重，要表现出诗人欣赏画作的从容和闲适。

（三）

山行

唐｜杜牧

远上寒山石径斜，

白云生处有人家。

停车坐爱枫林晚，

霜叶红于二月花。

· 诗意解读：

伴着深秋时节的寒意，沿着弯弯曲曲的小路向山上行进，在那白云生发的地方还有几户人家。因为喜爱深秋枫林的晚景，我停下马车，看到枫叶被秋霜染过，竟然比二月的春花还要红艳。

· 考级指导：

这首诗描写了诗人欣赏秋天的美景，感慨秋景与春光争艳，突出了秋色迷人。整首诗蕴含着作者欣赏秋天美景时的愉悦心情。表达基调应积极，充满对大自然的喜爱之情，朗读处理时，语言节奏要积极明快，突出画面感，尤其是结尾诗句“霜叶红于二月花”要有些许陶醉之感，要将诗人放弃赶路也要欣赏美景的难以抑制的惊喜之情表达出来。

（四）

回乡偶书二首·其一

唐 | 贺知章

少小离家老大回，

乡音无改鬓毛衰。

儿童相见不相识，

笑问客从何处来。

· 诗意解读：

年少时我便离开了家乡，如今当我回到家乡，已是垂暮之年。虽然我的乡音未曾改变，但已是两鬓斑白，孩子们见到我都不认识，以为我是远道而来的客人，笑着问我：您是从哪里来的呢？

· 考级指导：

这首古诗饱含着作者归乡的亲切感和久居他乡的伤感。在表达时，应注意情绪基调略带伤感。诗文第一句，可将“少小”和“老大”作为重音，通过“小”和“老”的对比传达出诗人离乡多年的乡愁之情。第二句的“鬓毛衰”承接上句，对诗人的老态进行描写。“虽然我的鬓角如染霜，但是我的乡音还未改”，此刻诗人内心充满对家乡的亲切感。接下来的两句“儿童相见不相识，笑问客从何处来”非常富有戏剧化，小孩子一句问话，直抵诗人内心。虽是无奈感伤的情绪，但在表达时，反而可用自嘲的语气，与儿童“笑问客从何处来”的天真语气形成反差，传达出哀婉的“弦外之音”。

（五）

赠汪伦

唐｜李白

李白乘舟将欲行，

忽闻岸上踏歌声。

桃花潭水深千尺，

不及汪伦送我情。

· 诗意解读：

我李白乘坐一叶扁舟即将踏上旅程，忽然听到岸边传来人们踏地歌唱的声音。这歌声正是好友汪伦以如此的方式来为我送行啊！桃花潭里的水有千尺深，也比不上汪伦对我的深情厚谊！

· 考级指导：

这首诗用朴素、自然、真诚的笔触，将友情的浓厚与桃花潭水的深度做对比，衬托出诗人与友人的深情厚谊。因此在朗读时，基于诗意，采用较为自然、平实的表述方式。本诗开头以诗人本人的感受切入，因此朗读时应体会第一人称的感觉。“忽闻岸上踏歌声”要从眼神上体现出忽然的惊喜，还要有语气上的转折，继而远望，原来是朋友汪伦来送我的踏歌队伍啊！“桃花潭水深千尺”，“深”字可适当用气拉长，重音在“千”字，突出感情至深。“不及汪伦送我情”，此句是诗人内心的感叹，小舟已离岸，纵有千言万语，也只能记在心里。因此，在表达处理时，语速放慢，情绪走向内心深处。

（六）

赋得古原草送别

唐｜白居易

离离原上草，

一岁一枯荣。

野火烧不尽，

春风吹又生。

远芳侵古道，

晴翠接荒城。

又送王孙去，

萋萋满别情。

· 诗意解读：

古原上的野草生长得非常茂盛，每年都会随四季变换而枯萎衰败、勃发繁茂。就连野火都不曾把它们烧尽，来年春风一到，青草就会再次焕发出勃勃的生机。走在古原上，野草的芳香远远地飘来，四散而去。无边的绿色一直蔓延到古老的城墙边。又要与朋友在此告别了，这茂盛的青草就像我内心充满的不舍深情。

· 考级指导：

这首诗采取借物抒情的方式，虽然通篇都在写古原上的青草，但其实是借草之茂盛来比喻友人离别的绵绵深情，整首诗朗读时，要始终贯穿一种惜别不舍之情，语速舒缓，意味深长。虽是咏“草”，但脑海中要有“情景再现”，不仅要呈现古原上的草原之景，还要想象与朋友往日相处的幕幕场景，从而来带动自己的情绪。诗中名句“野火烧不尽，春风吹又生”，可将前半句处理得语气稍重些，后半句语气转折，表达时可多用气，字音悠长，声音可弱处理，来预示希望。

（七）

岁寒三友

选自《民国老课本》

儿侍父，立庭前。见梅树著花，松、竹并茂。儿问曰：“霜雪之时，他树多枯落，何以三者独否？”父曰：“其性皆耐寒，与他树不同。古人称岁寒三友，即松、竹、梅也。”

· 古文解读：

儿子侍奉着父亲，站在庭院前。看见梅树还开着花，松树和竹子生长得也很茂盛。儿子问："霜降、下雪的时候，其他的树木有很多都落叶枯萎了，为什么这三者却还独自繁茂呢？"父亲回答说："他们的特性都能忍耐冬天的严寒，和别的树木不一样。古人把他们称为岁寒三友，即是松树、竹子和梅。"

· 考级指导：

这是一篇比较简单的小古文，虽有文言字词，但并不难理解。在进行表达时，要注意儿子和父亲角色感的转换，儿子向父亲提问题，语气中要带有敬畏之感，不能过于随意，因为在中国古代，书香门第的家庭礼仪是比较严格的，子女对父母说话，都要毕恭毕敬。父亲在回答时语气带有慈、温和和关爱，表达要稳重些，但是不要刻意模仿成人的声音和语气，在自然表达中略带稳重的感觉即可。

（八）

敕勒歌

南北朝 | 佚名

敕勒川，阴山下。

天似穹庐，笼盖四野。

天苍苍，野茫茫。

风吹草低见牛羊。

· 诗意解读：

敕勒族生活的辽阔大平原就在阴山脚下，这里的天空像个巨大的帐篷，笼罩着四面八方的原野。蔚蓝的天空苍茫高远，一望无际，碧绿的原野茫茫不尽，辽阔壮美。风儿吹过，牧草如波浪般起伏，显露出一群群正在吃草的牛羊。

· 考级指导：

这是一首南北朝时期的民歌，描绘了少数民族敕勒族的生活场景，语言简洁明快、酣畅淋漓地抒写了敕勒族这样一个游牧民族骁勇善战、彪悍豪迈的情怀。进行朗读时，要将声音放出来，气息运用要充足，有一种站在辽阔的草原和苍茫的天空下抒发情感的感觉，尤其是“天苍苍，野茫茫”，语气要有延续，声音要宏亮大气。

（九）

望庐山瀑布

唐 | 李白

日照香炉生紫烟，

遥看瀑布挂前川。

飞流直下三千尺，

疑是银河落九天。

· 诗意解读：

香炉峰上的白烟缭绕在蓝天白云间，透过弥漫的水气，在阳光的照射下升腾出了紫色的烟雾。远远看去，瀑布像一条白绸绢被挂在山前，湍急的水流从高峻陡峭的山上倾泻下来，看上去有几千尺那么高，又像是从云端飞流而下，好似天上的银河落到了人间。

· 考级指导：

首先要注意断句的位置。其实理解了古诗的意义，断句并不是问题。《望/庐山/瀑布》：日照/香炉/生紫烟，遥看/瀑布/挂前川。飞流/直下/三千尺，疑是/银河/落九天。需要注意的是，断句并不是刻意的按照标注来进行，断句处停顿的时间可依据情感来掌握。首句情感渐入，重音在“紫烟”；第二句突出“挂”在“前川”，要有感慨的语气，“前川”可用语气延续表示感叹美景；第三句语速可稍快，以显示水流湍急而下，重音在“三千尺”，突出瀑布的气势如虹；第四句相对第三句可放慢语速，但语气更为感慨，尤其是“九天”，可尝试大胆地慢下来，采取结尾声音往上走并采用语气延续的方式。

（十）

乡村

选自《民国老课本》

乡间农家，竹篱茅屋，临水成村。水边杨柳数株，中夹桃李，飞燕一双，忽高忽低，来去甚捷。

· 古文解读：

在乡村的农家，有茅草屋和竹子做的篱笆，在溪水边形成了村落。水边有很多杨柳，中间夹杂着桃树和李树，有一对燕子，在树丛中忽高忽低，快速地飞来飞去。

· 考级指导：

这篇小古文，行文简洁，文意易懂，画面感极强，为我们描绘了一幅乡间风光。朗读时，基调把握是对乡间景色的欣赏，突出闲适轻松。尤其是结尾说到“飞燕一双，忽高忽低，来去甚捷”，语速可适当加快，相比之前语气也要变得轻松。

看图说话

考级时抽取

五级

主持考级内容与要求

1. 绕口令背诵：从指定绕口令篇目中抽选一个绕口令进行背诵。
2. 古诗文背诵：从指定古诗或小古文篇目中抽选一篇进行背诵。
3. 看图说话：根据所提供的图片，准备10分钟，模拟主持的方式，尽可能描述出图片提供的所有信息，并可展开联想加以描述。（时间不少于1分钟）

五级

一、主持考级标准

主持仪态自然，着装正式，站姿端正，声音洪亮，口齿清晰，语音标准，语言流畅，思维敏捷，具备一定的联想能力和发散思维能力，语言逻辑清晰，会运用一定的思想情感从容地进行语言表达。

五级

二、主持考级提示

五级的主持考级分三项，分别是绕口令背诵、古诗文背诵以及相对四级更为信息丰富的“看图说话”。为方便考生考级以及老师培训辅导，下面分别对这三项进行考级提示说明。

一、绕口令背诵考级提示及范例

范例：

小子儿画画儿

小小子儿，不贪玩儿。
画小猫儿，钻圆圈儿；
画小狗儿，蹲小庙儿，
画小鸡儿，吃小米儿；
画个小虫儿，顶火星儿。

在我们平时的普通话口语中，有些词都会出现儿化现象，那什么是儿化呢？卷舌韵母 er 跟在别的字音（音节）后面，使那个字音的韵母带有了卷舌色彩，这种语音的变化被称作“儿化”。我们通常把儿化的韵母称作“儿化韵”，在韵母后加上“r”来表示。比如上面绕口令中的“画小猫儿”的拼音可写成：huà xiǎo māor。儿化韵母的发音，要注意，卷舌动作与前面韵母要融合为一体，连续发音，不能断开。练习这个绕口令，每一句的语调要有抑扬高低的变化，避免平板。可在引导学生将绕口令中提到的小动物生动地画在黑板上，让他们边指边说，并带上讲故事似的夸张表情，轻巧有趣地去熟读背诵这个绕口令。

二、古诗文背诵考级提示及范例

范例：

读书须有疑

宋 | 朱熹 |《训学斋规》

读书，始读，未知有疑；其次，则渐渐有疑；中则节节是疑。过了这一番，疑渐渐释，以至融会贯通，都无所疑，方始是学。读书无疑者须教有疑，有疑，却要无疑，到这里方是长进。

此文作者朱熹，生于距今800多年前的宋朝，世称朱文公，他是南宋著名的理学家、思想家、哲学家、教育家、诗人，儒学集大成者，世尊称为朱子。朱熹的理学思想对元、明、清三朝影响很大，成为三朝的官方哲学，是中国教育史上继孔子后的又一人。朱熹十九岁就考中了进士，进士就是古代科举制度中进行殿试后上榜的人，在今天相当是博士了，由此可见朱熹在当时也是一位国家级的学霸。这篇《读书须有疑》，是朱熹所做的《训学斋规》里面的段落节选，读书读到进士的确令人钦佩，下面我们来看看朱学霸的这篇《读书须有疑》要告诉我们什么。

这篇节选大意为：读书刚开始读的时候，不觉得会有什么疑问，然而，读着读着，慢慢就会出现一些问题，当书读到一半的时候，会发现每个段落都会产生疑问。再接着往下读的时候，遇到的疑问就会慢慢地理解了，最终达到融会贯通的程度，最后所遇的问题都被解决了，这才能称得上是学习。读书不产生疑问，需要教读书者产生疑问，有了疑问后，再去解决疑问，这才是读书有了进步。通过这篇文章的学习，其实是在教会我们读书学习的方法，要在学习的过程中发现问题并且还要善于解决问题。同时，还告诉我们一个道理，就是在学习的过程中要善于质疑，因为质疑是创新和进步的动力。北宋教育家张载也曾说："学则须疑。"质疑是创新的重要基石，拥有创新能力的人必然具备敢于质疑的思想品质。这才是我们学习这篇文章的目的所在。朗读背诵此文时，切记不可拖腔甩调，文中"疑"字较多，注意每次出现的读法，重音会有所不同，第一句重音在"始读"的"始"意思是强调开始，未知有疑，重音在"疑"。其实，我们在熟悉朗读文章时，除了地名、人名等明显需要强调的词为重音外，形容词和副词往往也是重音。掌握了这个规律，在朗读的过程中就会很容易读出正确的重音，重音对了，表达的意思才能准确。此文寓意在于引导人如何读书，所以基调应当为自信诚恳的态度。

三、"看图说话"考级提示及范例

范例：

大家好！

我是主持人 XXX，现在由我为您介绍这幅图片：

在一座华丽的高楼上，灯光照射在楼的侧面，投影出的五个金黄色的大字"我爱你中国"映入我的眼帘。在鲜艳的五星红旗和华表的映衬下，五个大字显得格外璀璨夺目、气势磅薄！整幅画面充满了动感！似乎感受到了五星红旗在风中飘扬，心中无比自豪！这时，我想到今天的安定、幸福生活是无数的革命先烈们抛头颅、洒热血为我们换来的，如今千千万万名建设者们也正在用无私奉献的精神来铸就新时代的伟大中国！我们一定要好好学习，将来努力工作，用实际行动报效祖国！美丽的中国，可爱的中国！我为你骄傲、为你自豪！我爱你中国！

此范例，不仅说出了图片所具有的主要信息点，而且运用形容词进行语句修饰，并产生合理联想，抒发内心的感慨！简洁生动，有情有感，是一则有温度的图片描述。整篇260余字，表达时间大约需要1分钟，符合考级要求。

下面提供5幅图片供大家练习使用。

练习图1

练习图2

五级

练习图 3

练习图 4

练习图 5

五级

三、主持考级篇目

五级的主持考级篇目分三项，分别是绕口令、古诗文和“看图说话”。

绕口令

（一）

大兔子

大兔子，大肚子，

大肚子的大兔子，

要咬大兔子的大肚子。

（二）

大马车

门口有四辆四轮大马车，

你爱拉哪两辆就来拉哪两辆。

（三）

跛骆驼驮破竹箩

一只跛骆驼，驮着两只破竹箩。

左边箩里装萝卜，右边箩里装菠萝。

跛骆驼，没跨过，打翻了破竹箩，

左边箩里的萝卜落下河，

右边箩里的菠萝滚下坡。

（四）

王小三儿

我们那儿有个王小三儿，

在门口儿摆着一个杂货摊儿，

卖的是酱油、火柴和烟卷儿、

红糖、白糖、花椒、

还有大料瓣儿。

（五）

小哥俩儿

小哥俩儿，红脸蛋儿，手拉手儿，

一块儿玩儿。小哥俩儿，一个班儿，

一路上学唱着歌儿。

学造句儿，一串串儿，唱新歌儿，

一段段儿，学画画儿，不贪玩儿。

（六）

唱一曲儿

进了门儿，倒杯水儿，
喝了两口儿运运气儿，
顺手拿起小唱本儿，
唱一曲儿，又一曲儿，
练完了嗓子我练嘴皮儿。

（七）

白胡子老头儿

打南边来了个白胡子老头儿，

手拉着倍儿白的白拐棍棒儿。

打南边来了个白胡子老头儿，

手拉着倍儿白的白拐棍棒儿。

（八）

上小镇儿

二月二儿，上小镇儿，

买根烟袋儿不通气儿，

回来看看是根棍儿。

（九）

裤子缝儿

一条裤子七道缝儿，

横缝上面有竖缝儿，

缝了横缝缝竖缝儿，

缝了竖缝缝横缝儿。

（十）

小子儿画画儿

小小子儿，不贪玩儿。

画小猫儿，钻圆圈儿；

画小狗儿，蹲小庙儿，

画小鸡儿，吃小米儿；

画个小虫儿，顶火星儿。

古诗文

（一）

读书

选自《古岩斋丛稿》

飞禽走兽，饥知食，渴能饮，又能营巢穴为休息之所。其异者，能为人言。惟不知读书，故终不如人。人不读书，则于禽兽何异？

· 古文解读：

动物中的飞禽走兽，在饿的时候会觅食，口渴了知道喝水，累了还会自己筑巢休息。其中还有些有灵性的动物，还能听懂人的话。但是，它们却不会读书，因此，它们终究只是动物，不是人。如果人不读书，那跟禽兽又有什么区别呢？

· 考级指导：

这首小古文，短短几句话，却非常富有哲理。文中开头几句以陈述的语气，罗列动物们的基本生活技能。最后却以反问的形式，意味深长地表达作者的观点，人不读书与禽兽无异啊！因此，朗读时应注意反问语句的处理，可先扬后抑，尤其在文末的“向异”两个字前稍稍停顿，然后语速放慢，意味深长，引人思考。

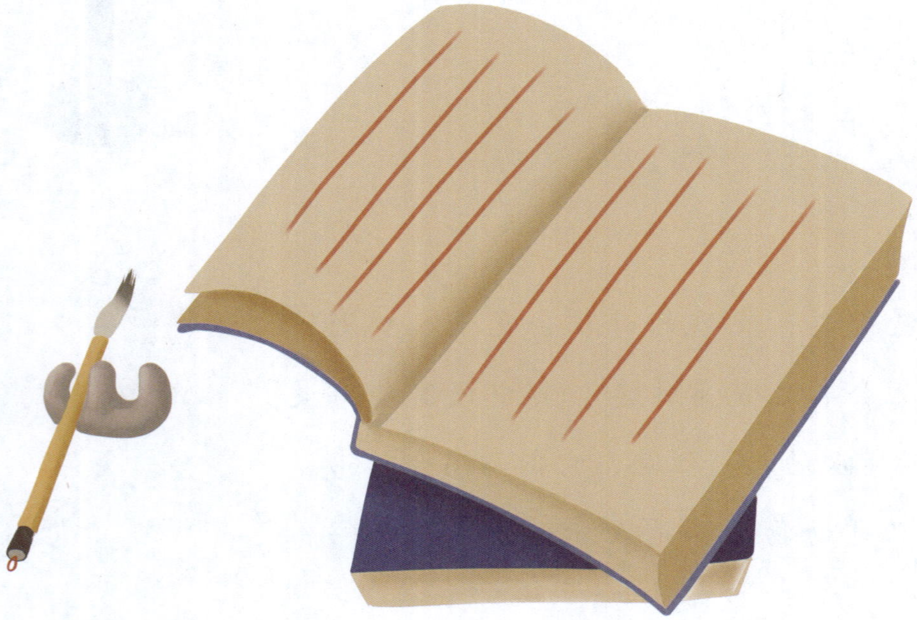

（二）

读书有“三到”

宋｜朱熹｜《训学斋规》

余尝谓，读书有“三到”，谓心到、眼到、口到。心不在此，则眼不看仔细，心眼即不专一，却只漫浪诵读，决不能记，记亦不能久也。“三到”之中，心到最急。心既到矣，眼口岂不到乎？

· 古文解读：

我经常说，读书时要做到“三到”，就是“心到、眼到、口到”。精力不集中的时候，眼睛就看的不仔细，思想不够集中，读书也就是随便读读，并没有走心，难以形成记忆。就算是当时记住了，不久也就会忘记了。这“三到”中，心到是最为紧迫要做到的。把心思全放在书本上了，嘴和眼睛怎么会不到呢？

· 考级指导：

这篇古文为南宋理学家、教育家朱熹所作，他给读书者提出了三点注意事项。所以在朗读表达时，要特别注意练习重音的处理，比如“三到”，“心到、眼到、口到”，“心不在此”的“心”，“决不能记”的“记”，“心到最急”的“心”，等等，练习时，可采取不同程度的加重读的语气，体会重音处理时的轻重区别与变化，领悟由重音造成的意思表达的不同效果。

（三）

读书须有疑

宋｜朱熹｜《训学斋规》

读书，始读，未知有疑；其次，则渐渐有疑；中则节节是疑。过了这一番，疑渐渐释，以至融会贯通，都无所疑，方始是学。读书无疑者须教有疑，有疑，却要无疑，到这里方是长进。

· 古文解读：

读书刚开始读的时候，不觉得会有什么疑问，然而，读着读着，慢慢就会出现一些问题，当书读到一半的时候，会发现每个段落都会产生疑问。再接着往下读的时候，遇到的疑问就会慢慢地理解了，最终达到融会贯通的程度，最后所遇的问题都被解决了，这才能称得上是学习。读书不产生疑问，需要教读书者产生疑问，有了疑问后，再去解决疑问，这才是读书有了进步。

· 考级指导：

朗读背诵此文时，切记不可拖腔甩调，文中“疑”字较多，注意每次出现的读法，重音会有所不同，第一句重音在“始读”的“始”意思是强调开始，未知有疑，重音在“疑”。其实，我们在熟悉朗读文章时，除了地名、人名等明显需要强调的词为重音外，形容词和副词往往也是重音。掌握了这个规律，在朗读的过程中就会很容易读出正确的重音，重音对了，表达的意思才能准确。此文寓意在于引导人如何读书，所以基调应当为自信诚恳的态度。

（四）

游山西村（节选）

宋｜陆游

莫笑农家腊酒浑，

丰年留客足鸡豚。

山重水复疑无路，

柳暗花明又一村。

· 诗意解读：

不要笑话农家在腊月里酿造的酒是浑浊的，在丰收的年景里招待客人的菜肴有鸡有肉非常丰盛。眼前山峦叠嶂，水流曲折，正担心没有可以行进的道路，忽然深绿的柳树和明艳的花朵间又出现了一个村庄。

考级指导：

这是南宋文学家、史学家陆游所作的一首纪游抒情诗，整首诗意境恬静，描绘了一幅农家村舍的生活场景。朗读时，注意采取饶有兴趣地游历乡村美景的基调，前两句是对民风民俗的形象描写，后两句是对乡村自然景观的白描，虽没有华丽词藻，却也游趣十足，整体语言风格要清新明快，以此感受诗人游历时的愉悦心情。

（五）

渭城曲／送元二使安西

唐｜王维

渭城朝雨浥轻尘，
客舍青青柳色新。
劝君更尽一杯酒，
西出阳关无故人。

· 诗意解读

早晨的一场雨润湿了渭城街道上的浮尘，客栈周围的柳树也在这场雨中变得翠绿新鲜，显得格外清新。请老友再干一杯别离的美酒吧，出了阳关后西行的道路上就再也没有我这样的老朋友了。

· 考级指导

王维的这首诗写得情真意切，是送朋友元二赴西北边疆安西任职时所作。前两句描写送别时的环境，后两句注重送别时不舍之情的表达。由景入情，情景交融，明朗清新的送别环境、双方惜别时的浓浓情谊，以及预祝老友前路珍重的深切祝福，都体现的淋漓尽致。前两句的语气和语言节奏注意采取明快、自然的状态，第三句中的“更尽一杯酒”突出诗人浓郁真挚的情感，语言表达时要注意情感的释放，可采取语调上扬、语气悠长的表达方式；结尾一句语气延续往深里走。后两句注意欲扬先抑及欲抑先扬的技巧运用，前一句扬，最后一句抑，语速放慢，以表现依依不舍的送别之情。

（六）

过故人庄

唐 | 孟浩然

故人具鸡黍，

邀我至田家。

绿树村边合，

青山郭外斜。

开轩面场圃，

把酒话桑麻。

待到重阳日，

还来就菊花。

· 诗意解读：

老朋友备好了丰盛的菜肴，邀请我来田间的家里做客。村落被翠绿的树林环绕，苍青色的山峦在城外连绵。推开窗户面对着打谷场和菜园子开怀畅饮美酒，闲聊农家庄稼之事。等到了九九重阳节的时候，我们再来观赏菊花的美景。

· 考级指导：

这是一首典型的田园诗，对农家闲适的生活场景进行了形象的描写，同时也体现了老友之间浓浓的情谊。整首诗通俗易懂，语言风格可采取质朴、清新、愉悦的表达基调。朗读练习时，不必做过多的语气修饰，要心存欣赏乡村美景的畅快豁达之情，可采用愉悦的表情来带动自己的朗读感受，要想象在眼前呈现出诗中描写的幕幕场景，轻松沉醉在田园闲适的美景之中。

（七）

忆江南

唐 | 白居易

江南好，

风景旧曾谙。

日出江花红胜火，

春来江水绿如蓝。

能不忆江南？

· 诗意解读：

江南的风景是那么美好，那里的风景我早已非常熟悉了。太阳从江面升起，江边的鲜花被阳光照射得通红似火，春天到了，碧绿清澈的江水胜过蓝草，这样一幅美景，怎么能让人不怀念江南呢？

· 考级指导：

这是唐代诗人白居易所作的一首词，整篇都贯穿着对江南美景的回忆与赞美。朗读基调应突出赞叹与怀念的情感，尤其在实景描写江花与江水时，可采取语气悠长、情感兴奋的表达方式。突出重音“红胜火”中的“红”和“火”，“绿如蓝”中的“绿”与“蓝”，但“蓝”的处理可采取次重音弱处理的方式，语气悠长延续。结尾可大胆在“能不忆”之后进行断句，但是断句应采取“声断气不断”的方式来处理，气息延续几拍后用余气缓缓说出“江南”二字，直至气息自然息止，采取“渐弱收”的方式结尾，留下对江南美景无限遐想的空间。

（八）

使至塞上

唐｜王维

单车欲问边，属国过居延。

征蓬出汉塞，归雁入胡天。

大漠孤烟直，长河落日圆。

萧关逢候骑，都护在燕然。

· 诗意解读：

我乘着一辆车去慰问守卫边关的将士们，已经走过了大唐的属国居延，自己像一棵随风而去的蓬草飘出边塞，又像振翮北飞的归雁飞进了胡人的天空。浩瀚的大漠中一缕烟火扶摇直上，黄昏之时，在无尽的黄河上，一轮圆圆的太阳徐徐下落。在萧关遇到了前来侦查的骑兵，得知都护如今在燕然山前线。

· 考级指导：

诗人王维创作这首诗时是在奉命赶赴西北边疆，慰问在前线作战的将士的途中。诗中描述了自己远赴塞上的内心感受和途中所见的大漠风光。整首诗在进行语言表达时，要具有悲壮的基调，这样才能突出诗人被朝廷排挤到边塞的孤独落寞之情。语气可适当加重，要带有些许沉重，尤其是名句“大漠孤烟直，长河落日圆”，前一句可上扬，强调“孤”字的表达，下一句注意对“落”字的强调，后半句的语调可往下走，情绪上扬是悲壮的上扬，语调下落是寂寥的下落。还要注意表达时表情的配合，用“孤烟”和“落日”来映照自己落寞悲壮的心情，以景喻情。

（九）

渔歌子

唐 | 张志和

西塞山前白鹭飞，

桃花流水鳜鱼肥。

青箬笠，绿蓑衣，

斜风细雨不须归。

· 诗意解读：

西塞山前，白鹭在自由自在地飞翔，江边岸上的桃花盛开着，春天江水初涨，水中的鳜鱼肥美。一位渔翁头戴青色的箬笠，身披绿色的蓑衣，冒着阵阵凉风，丝丝细雨，愉快地垂钓，不舍得回家。

· 考级指导：

这是唐代诗人张志和写的一首词，主要描绘了春天江边的一幅美景，表达了诗人对自然美景和自由生活的向往之情。朗读时要把握积极、愉悦的情感基调，语气轻松，节奏明快。如若面带向往和欣赏般的笑容来朗读此词，会感受到诗人描绘的这幅水乡春汛图中深入人心、悠然超脱的生活意趣。

（十）

饮酒（其五）

魏晋 | 陶渊明

结庐在人境，而无车马喧。

问君何能尔？心远地自偏。

采菊东篱下，悠然见南山。

山气日夕佳，飞鸟相与还。

此中有真意，欲辨已忘言。

· 诗意解读：

居住在人世间，却没有感到车马的喧嚣，为什么能如此呢？是因为我心中淡泊高远，自然就会觉得深处的地方偏僻宁静。在东篱下采摘菊花，悠然自得时，远处的南山映入眼帘，山中的气息和傍晚的景色十分美好，鸟儿结伴飞来，这其中的人生真谛想说出来，却已然忘记了该怎样表达了。

· 考级指导：

这首诗描写诗人摆脱世俗烦恼享受田园生活的感受。基调应把握为乐观、闲适的状态，语速稍慢，从容自然表达较好。整首诗在表达时要注意这种情绪的贯穿，才能体现诗人心不系名利、淡泊处世的思想情感，表现了诗人热爱田园自由的生活和超脱尘世的高洁人格。

看图说话

考级时抽取

六级

主持考级内容与要求

1. 绕口令背诵：从指定绕口令篇目中抽选一个绕口令进行背诵。
2. 古诗文背诵：从指定古诗或小古文篇目中抽选一篇进行背诵。
3. 场景描述：根据提供的场景，进行合理想象与描述，准备10分钟后进行指定场景描述（时间不少于1分钟）。重点考查主持人语言组织能力和即兴表达能力。

六级

一、主持考级标准

主持仪态自然，着装正式，站姿端正，声音洪亮，口齿清晰，语音标准，语言流畅，能自如回答考官提问，眼神、表情均体现较强的交流感，语言组织逻辑清晰，运用思想情感自然得体，并伴有协调的肢体动作，语气语调能体现出一定的抑扬顿挫，描述场景时，具备一定的情景再现能力。

六级

二、主持考级提示

六级的主持考级分三项，分别是绕口令背诵、古诗文背诵以及场景描述。为方便考生考级以及老师培训辅导，下面分别对这三项进行考级提示说明。

一、绕口令背诵考级提示及范例

范例：

红孩子和黄孩子换鞋子

红孩子穿了双黄鞋子，

黄孩子穿了双红鞋子。

红孩子用黄鞋子换黄孩子的红鞋子，

黄孩子用红鞋子换红孩子的黄鞋子。

红孩子穿上了红鞋子，

黄孩子穿上了黄鞋子。

这段绕口令主要练习轻声的读法，普通话中的字音（音节），都是有声调的，但是在一些词语或者句子里，有些字音（音节）受前一个音节的影响，会把原来的声调变得又轻又短，我们称之为“轻声”。如这个绕口令中，“孩子”的“子”，“鞋子”的“子”，“穿了”的“了”，这些轻声的字在读的时候，要短而轻，能使人明显感觉到声调的变化。轻声在发音过程中，不能因为其“轻”，而发得含混，要尽量保持住原来韵母的音色。此外，还有不少双音节词中的第二个音节也读轻声，比如“爸爸”“妈妈”“姐姐”“哥哥”等，在今后的语言表达中要注意注意把轻声词读好。

二、古诗文背诵考级提示及范例

以小古文《盘古开天地》为范例进行考级提示说明：

范例：

盘古开天地

选自《太平御览》卷二引《三五历记》

天地混沌如鸡子，盘古生其中。万八千岁，天地开辟，阳清为天，阴浊为地。盘古在其中，一日九变，神于天，圣于地。天日高一丈，地日厚一丈，盘古日长一丈。如此万八千岁，天数极高，地数极深，盘古极长。后乃有三皇。

这篇小古文是中国古代流传下来的民间神话传说。这些神话传说是非常宝贵的民族文化遗产，《盘古开天地》这篇小古文，反映了当时人对自然的认识和征服自然的愿望。

本文大意为：宇宙诞生之前，天和地混沌一团，像个鸡蛋一样，没有分开，盘古在其中诞生了。盘古在这混沌之中，度过了一万八千年，有一天盘古忽然醒了，看到周围漆黑一团，就拿斧子劈了过去，这时天地分开了，轻而清的阳气缓缓上升为天空，重而浊的阴气慢慢下沉变成了大地。盘古在天地中间，一天中有多次变化，比天、地都要神圣。

天每日升高一丈，地每日增厚一丈，盘古也每日长大一丈，这样又过了一万八千年。天升得非常高，地沉得非常深，盘古也长得非常高大。天地开辟了以后，才出现了世间的天皇、地皇、人皇。

理解了文章大意，朗读时，要首先把握基调，这是一则神话故事，虽然是古文，但是仍然要有讲故事的生动有趣感。这个生动可以用讲述的语气、节奏和动作来达到效果。教师引导时可以提前搜集一些有关这个故事的图片，并且可以邀请学生进行角色扮演，以期达到让学生在平时训练中对篇目的印象深刻。开头一句可语速稍慢，有一种在黑暗中摸索的感觉，当读到“天地开辟”时，语气要有明显的转换，因为传说盘古是拿斧子劈开了黑暗，从而使天地分开，所以这个语言的力度和突然有了光明的“爆发感”要突出出来。天和地的描述也要有区别，“清”升，“浊”降，在语音语调中也要有所体现，轻重的变化感要显示出来。盘古一天九变，比天地还神圣，这几句朗读时要气息足，咬字要相对重一些，口腔的控制力度要大，对盘古充满敬佩并为有这样的传说中的祖先而充满自豪感！语言表达讲究“以气托声”，那么这个“气”从何而来呢？众所周知，“气”的产生是一种生理现象，它是由肺这个呼吸器官通过吸和呼的动作交替产生的，其实这里还有一个心理因素，那就是内心理解和感觉的生发，带来生理上气息的变化，引导气息的运动为表达情感服务。

我们可以把这篇小古文的表达步骤归纳为：理解文意——正确用气——把握节奏——生动有趣。

三、“场景描述”考级提示及范例

题目：逛动物园对于少年儿童来说是一个非常有吸引力的活动，动物园里面的各种动物，不仅让我们增长了自然知识，而且让我们的童年生活变得更加生动有趣。请描述一下自己最喜欢的一个动物，并说出它让你感觉好玩的场景。

范例：

大家好！我是主持人XXX。

我最开心的事就是，爸爸妈妈带我去逛动物园，那里有很多种动物，老虎、狮子、大象、长颈鹿、熊猫、猴子，等等，太多了，我都数不过来。在这些动物中，我最喜欢的是大熊猫，每次去动物园，到了熊猫馆我就舍不得离开。那些可爱的熊猫们，有的呼呼大睡，有的晃晃悠悠地追逐打闹，还有的在津津有味地啃竹子，黑黑的眼圈，毛茸茸的身体，真想上去抱一抱它们。有时候碰巧了还能赶上熊猫表演呢！驯兽员领着熊猫走钢丝、骑自行车，还会向观众挥手打招呼呢！别看它们身体胖乎乎的，做起这些高难度动作，一点都不含糊，个个表演得都很精彩！我还知道，大熊猫是国家重点保护野生动物，我们一定要爱护它哟！

此范例把逛动物园的场景做了形象的描述，针对喜欢的动物描述了有关的几个场景，叙述过程比较口语化，有真实的内心体验，自然生动，特别是有的文字很适合运用语气技巧进行修饰。在考级教学引导中，可以做生动感觉的尝试，以期达到最生动有趣的描述状态。此范例 290 余字（含标点），表达大概需要一分多钟，符合考级时间的要求。

训练题目：

1. 一年分四季，每个季节都有不同的魅力，针对自己最喜欢的某个季节，描述出这个季节最具代表性的一个场景，并谈谈自己的感受。
2. 大自然充满了神秘色彩，在我们这个蓝色的星球上，每天都上演着各种自然现象。描述一下自己印象深刻的一个天气场景，比如刮大风、下大雨、打雷闪电等。

3. 逛书店，对于同学们来说都不陌生，现在的一些比较大的书店，不仅有各种学科的书籍，还设有喝咖啡和茶水的休闲区，这些都是为了给看书、买书的人营造一个良好的阅读环境。谈一谈你熟悉的一个书店是什么样的，它为什么吸引你去光顾呢？

4. 水果是我们生活中不可或缺的一类食物，各式各样的水果，不仅口感美味，还给我们的身体增加了各种有益的维生素。描述一下你和家人在超市购买水果的场景，并谈谈你最喜欢吃的一种水果。

5. 世界的丰富多姿离不开颜色的装扮，各种色彩带来不同的视觉体验，也时时刻刻影响着我们的生活。中国人过年最喜欢用大红色装扮喜庆的场所，穿戴有红色元素的衣物，因为红色在中国的传统文化中象征吉祥、喜庆、热烈。请你描述一下家中亲人们红红火火过年时的场景。

六级

三、主持考级篇目

六级的主持考级篇目分三项，分别是绕口令、古诗文和场景描述。

绕口令

（一）

屋子里有箱子

屋 子 里 有 箱 子 ，

箱 子 里 有 匣 子 ，

匣 子 里 有 盒 子 ，

盒 子 里 有 镯 子 ；

镯 子 外 面 有 盒 子 ，

盒 子 外 面 有 匣 子 ，

匣 子 外 面 有 箱 子 ，

箱 子 外 面 有 屋 子 。

（二）

红孩子和黄孩子换鞋子

红孩子穿了双黄鞋子，

黄孩子穿了双红鞋子。

红孩子用黄鞋子换黄孩子的红鞋子，

黄孩子用红鞋子换红孩子的黄鞋子。

红孩子穿上了红鞋子，

黄孩子穿上了黄鞋子。

（三）

捏泥

于琳琳爱捏泥，

揉揉泥，团团泥，

揉来揉去不起急。

捏了一只小狐狸，

又捏七只小小鸡。

小狐狸，小小鸡，

全都送给小弟弟。

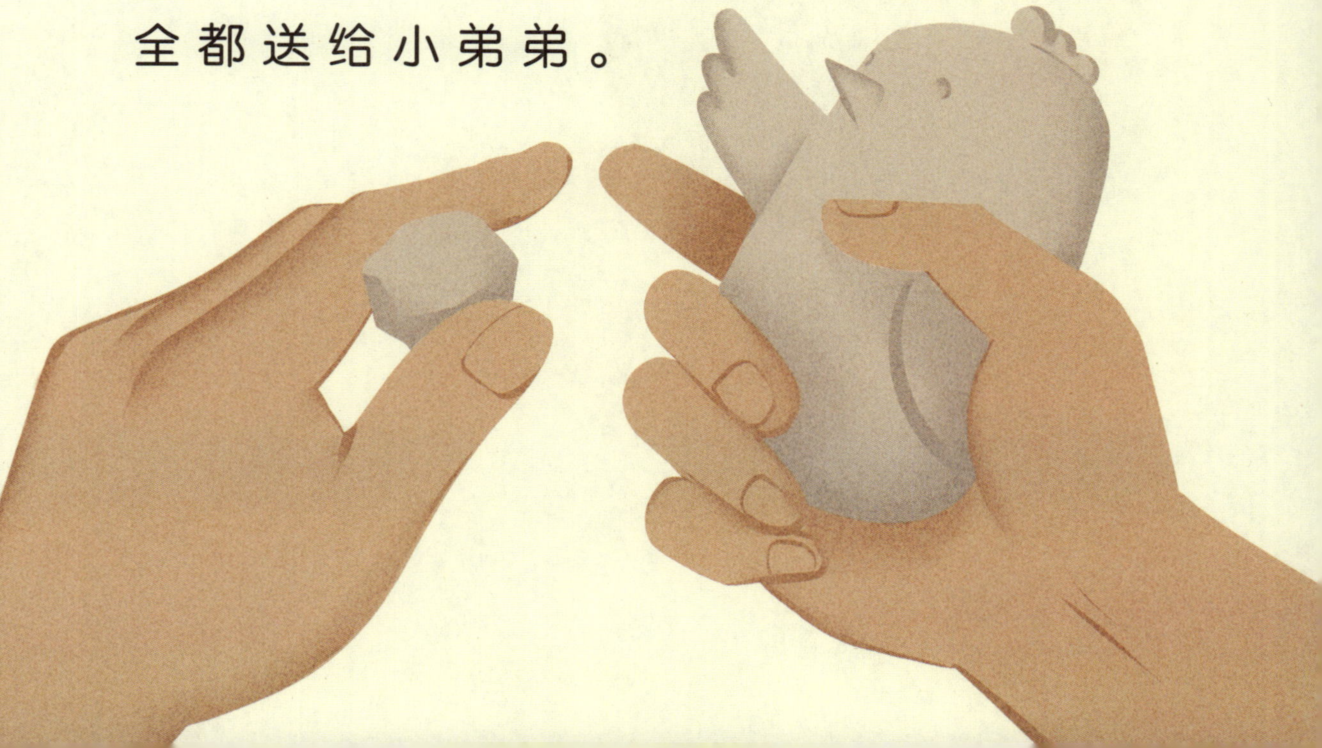

（四）

没风要扇扇子

没风要扇扇子，

有风不扇扇子。

不扇扇子没风，

扇扇子时有风。

不扇扇子有风，

扇扇子也有风。

（五）

六叔和六舅

出南门，走六步，

见着六叔和六舅，

叫声六叔和六舅，

借我六斗六升好绿豆；

过了秋，打了豆，

还我六叔六舅六十六斗

六升好绿豆。

（六）

蜜蜂做工

嗡嗡嗡，嗡嗡嗡，

大家一齐勤做工，

来匆匆，去匆匆，

别学懒惰虫。

天暖花好不做工，

将来哪里好过冬，

嗡嗡嗡，嗡嗡嗡，

别学懒惰虫。

（七）

日头

天上日头，

嘴里舌头，

地上石头，

桌上纸头，

手掌指头，

天上日头。

（八）

姥姥和妈妈

老姥姥问姥姥，

姥姥老问老姥姥。

麻妈妈问妈妈，

妈妈老问麻妈妈。

（九）

知道

知道就说知道，

不知道就说不知道。

不要知道说不知道，

也不要不知道说知道。

要老老实实，

实事求是。

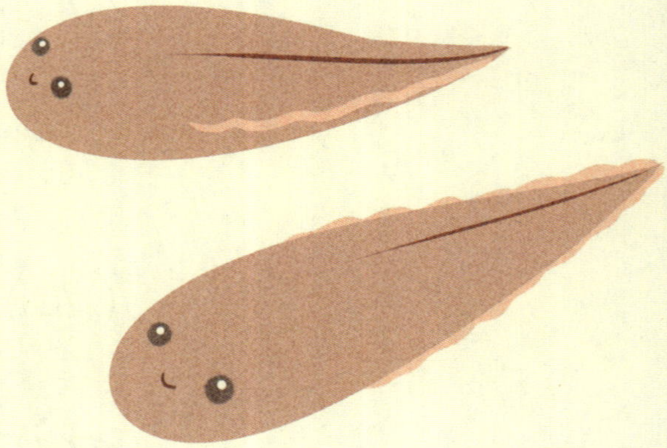

（十）

喇嘛和哑巴（节选）

打南边来了个喇嘛，

手里提着五斤鳎蚂，

打北边来了个哑巴，

腰里别着个喇叭。

提搂鳎蚂的喇嘛要拿鳎蚂去换

别着喇叭的哑巴的喇叭，

别着喇叭的哑巴不愿意拿喇叭

去换提搂鳎蚂的喇嘛的鳎蚂。

古诗文

（一）

惠崇春江晚景

宋 | 苏轼

竹外桃花三两枝，
春江水暖鸭先知。
蒌蒿满地芦芽短，
正是河豚欲上时。

· 诗意解读：

竹林外夹杂着两三枝初放的桃花，春天来了，鸭子们最先察觉到江水已经有了暖意，河滩上已经长满了蒌蒿，芦笋也露出了短短的新芽，此时正是河豚逆流而上从大海中回游到江河中来的时候。

· 考级指导：

这是一首典型的把诗情画意进行完美融合的诗，体现了诗人对初春到来的喜爱和对大自然细致入微的观察。朗读时注意诗句中重音的强调，但不能过于加重，要把基调控制在一种欣赏早春气息和生命活力的愉快心情中。比如诗句“春江水暖鸭先知”中的“鸭”，稍稍地强调，既能体现鸭子在早春到来时在江水中嬉戏好动的场景，又表现出诗人看到鸭子时的愉悦心情。所谓以声传情，以情动人，恰是如此。

（二）

清明

唐 | 杜牧

清明时节雨纷纷，
路上行人欲断魂。
借问酒家何处有？
牧童遥指杏花村。

· 诗意解读：

清明节的时候细雨飘飘洒洒，路上的行人看起来都是一副伤心落魄的样子，向路人打听哪里有酒馆，放牛的孩子指着远处告诉我酒馆就在前面的杏花村中。

· 考级指导：

这首《清明》脍炙人口，堪称千古佳作。清明节是我国传统的文化节日，节日期间，家人团聚、出游观赏、为逝去的先人扫墓等。整首诗的情绪是由低到高，先是描写路人在清明时节因为要祭奠先人的悲伤心情，之后话锋一转，找酒馆散散心避雨。前面被路人的低落情绪所染，后面又引出了找到饮酒之处的兴奋。在朗读时，注意语气的转换，尤其是最后结尾的名句“牧童遥指杏花村”中的“遥”为需强调的重音字，同时这个强调还要带有些许地轻巧，略重而兼轻，在朗读时，应多体验几次不同程度的重音强调所带来的语言审美感觉，细细体会就会找到最合适自然的状态。这样来做表达的处理，一来展现年幼牧童动作的轻快，二来凸显诗人对即将找到酒馆时略带兴奋的心情。

（三）

早春呈水部张十八员外二首其一

唐 | 韩愈

天街小雨润如酥，
草色遥看近却无。
最是一年春好处，
绝胜烟柳满皇都。

· 诗意解读：

京城的街道被酥油般细腻的小雨滋润着，远远望去，小草颜色青青似乎连成一片，走进看却因为稀疏看不出什么色彩了。这是一年春光中最美的事物，远远超过了柳绿满城衰落的晚春。

· 考级指导：

本首诗是韩愈写给时任水部员外郎张籍的，张籍在其兄弟辈份中排行第十八，所以称“张十八”。做此诗的原由是韩愈想约张籍去踏春游览，张籍却因官事繁忙年纪大了来推辞，韩愈就作此诗赠予张籍，赞叹早春景色的美丽，从而希望激发张籍一同出游的兴致。所以在表达处理时，要具有赞美和热爱的基调，尤其在处理“润如酥”的“酥”，语气可适当延续，表情也可随之呈现出陶醉的感觉，“草色遥看近却无”，由远及近，要有眼神目光焦点位置的变化，“最是一年春好处，绝胜烟柳满皇都”，当满眼春色美景的时候，突出心情的欢畅，注意要表达的生动。

（四）

枫桥夜泊

唐｜张继

月落乌啼霜满天，

江枫渔火对愁眠。

姑苏城外寒山寺，

夜半钟声到客船。

· 诗意解读：

月亮已落下，乌鸦的啼叫声在寒气袭人的夜空中回荡，看着江边枫树和渔船上的点点灯火，我心怀忧愁难以入眠。姑苏城外寒山古寺中半夜敲响的钟声，悠悠地传到了客船上。

· 考级指导：

这是一首具有代表性的羁旅诗，羁旅诗又称为记行诗、行旅诗，是指诗人因各种原因远离家国，用诗歌的形式反映旅途或者客居异乡的艰难与辛苦，从而引发对故乡和亲人的思念，进而感慨人生境遇。所以，我们在进行这一类古诗的表达时，要特别注意基调的把握，题材和创作背景是一个很好的切入点。这首诗画面感很强，幽冷寂寥的环境伴随几声孤寂的钟声，直接反映了诗人愁绪满怀的思想状态。朗读时，语速要缓慢，节奏要平稳，语气始终带有心中缕缕轻愁难以释怀，但又隐含对外界江景风物的新鲜感受，比如对近景渔船灯火和寺院钟声的感受，注意语气运用时的隐含作用。

（五）

别董大二首其一

唐 | 高适

千里黄云白日曛，

北风吹雁雪纷纷。

莫愁前路无知己，

天下谁人不识君？

· 诗意解读：

望不到边际的黄云遮天蔽日，天色暗淡无光，归来的大雁在北风中伴着纷纷大雪飞翔着。不要担心前行的道路上没有知心朋友，普天下哪个人还不认识您呢？

· 考级指导：

这首诗是唐代诗人高适的作品。讲述的是高适与董大久别重逢，短暂相聚后，又各奔东西的离别之作。表达了送别时天色晦暗、寒冷的凄凉之景，体现作者随身处在困顿的境遇之中，但却并没有因此而沮丧，既表露出诗人对朋友即将远行的惜别之情，同时也体现了豪迈豁达的胸襟。

（六）

菊

选自《民国老课本》

菊花盛开，清香四溢。其瓣如丝、如爪。其色或黄、或白、或赭、或红。种类繁多。性耐寒，严霜既降，百花零落，惟菊独盛。

· 古文解读：

菊花盛开的时候，清朗的香气四处飘散。菊花的花瓣呈丝状或是爪状。颜色有黄、白、赭、红等。种类有很多。菊花天生不怕寒冷，严霜来临的时候，其他的花都凋零了，只有菊花还开得最为茂盛。

· 考级指导：

这是一篇说明文性质的小古文，形象清晰地介绍了菊花的香气、样子、颜色和品性。在表达时，不必刻意拖腔甩调，正常读出来就行，在读“如丝、如爪”和“或黄、或白、或赭、或红”这类并列词语时，要注意语调高低的调整，错落开来，就会把文章形象地表达出来了。

（七）

雪

选自《民国老课本》

冬日严寒，木叶尽脱，阴云四布，弥漫天空，飞鸦千百成群，未暮归林。夜半，北风起，大雪飞。清晨，登楼远望，山林屋宇，一白无际，顿为银世界，真奇观也。

· 古文解读：

冬日的天气非常寒冷，树叶全都掉落了。天上布满了乌云，阴沉沉地弥漫在天空中。天上的乌鸦成百上千地飞着，还没有天黑就回到栖息的树林。到了半夜，刮起了北风，大雪纷纷扬扬地下了起来。第二天早晨起来后，登上楼台向远处眺望，山上的树木和远处的房屋白茫茫的一片，看不到边际，就仿佛银装素裹的世界，好看极了。

· 考级指导：

这是一篇写景的小古文，对景色的描写非常具体，我们要注意一些形容程度的词的表达，这里往往是需要突出重音的地方，如“冬日严寒”中的“严”，“木叶尽脱”中的“尽”，在语气处理上也可用“气”来修饰。还有类似状态的动词，如“弥漫”，也要注意语气的修饰。结尾可表达得洒脱些，以示对大自然景色的感慨与赞叹。

（八）

日时

选自《民国老课本》

一日有夜，分为十二时。子丑寅卯，辰巳午未，申酉戌亥，是也。夏日长而夜短，冬日短而夜长。夜半为子，日中为午。午前曰上午，午后曰下午。

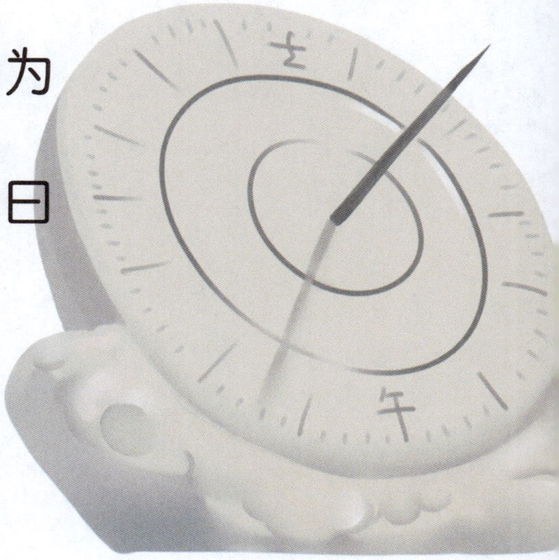

· 古文解读：

一天包括夜晚和白天，共分为十二个时辰，为子丑寅卯，辰巳午未，申酉戌亥。夏天白天长而夜晚短，冬天白天短而夜晚长。半夜十二点整为子时，中午十二点整为午时。午时之前的白天称作上午，午时之后的白天称作下午。

· 考级指导：

这是一篇古代的科普说明文。一天分十二个时辰，用今天的理解就是两个小时为一个时辰。我们在进行表达时，语速适中，吐字清晰，采取客观陈述的语气就可以了。仔细阅读短文会发现，全文介绍了九处知识点，每处为短句，注意正确处理需要突出的重音，比如“分为十二时”中的“十二”；“夏日长而夜短”重音在“日”和“夜”，在处理时，注意在“夏”之后稍停顿，夏/日长/而/夜短;“夜半为子，日中为午”重音在“子”“午”。

午

（九）

盘古开天地

选自《太平御览》卷二引《三五历记》

天地混沌如鸡子，盘古生其中。万八千岁，天地开辟，阳清为天，阴浊为地。盘古在其中，一日九变，神于天，圣于地。天日高一丈，地日厚一丈，盘古日长一丈，如此万八千岁。天数极高，地数极深，盘古极长。后乃有三皇。

· 古文解读：

宇宙诞生之前，天和地混沌一团，像个鸡蛋一样，没有分开，盘古在其中诞生了。盘古在这混沌之中，度过了一万八千年，有一天盘古忽然醒了，看到周围漆黑一团，就拿斧子劈了过去，这时天地分开了，轻而清的阳气缓缓上升为天空，重而浊的阴气慢慢下沉变成了大地。盘古在天地中间，一天中有多次变化，比天、地都要神圣。

天每日升高一丈，地每日增厚一丈，盘古也每日长大一丈，这样又过了一万八千年。天升得非常高，地沉得非常深，盘古也长得非常高大。天地开辟了以后，才出现了世间的天皇、地皇、人皇。

· 考级指导：

理解了文章大意，朗读时，要首先把握基调，这是一则神话故事，虽然是古文，但是仍然要有讲故事的生动有趣感。这个生动可以用讲述的语气、节奏和动作来达到效果。教师引导时可以提前搜集一些有关这个故事的图片，并且可以邀请学生进行角色扮演，以期达到让学生在平时训练中对篇目的深刻印象。开头一句可语速稍慢，有一种在黑暗中感知摸索的感觉，当读到“天地开辟”时，语气要有明显的转换，因为传说盘古是拿斧子劈开了黑暗，从而使天地分开，所以这个语言的力度和突然有了光明的“爆发感”要突出出来。天和地的描述也要有区别，“清”升，“浊”降，在语音语调中也要有所体现，轻重的变化感要显示出来。盘古一天九变，比天地还神圣，这几句朗读时要气息足，咬字要相对重一些，口腔的控制力度要大，对盘古充满敬佩并为有这样的传说中的祖先而充满自豪感！语言表达在专业技巧层面经常讲“以气托声”，那么这个“气”从何而来呢？众所周知，“气”的产生是一种生理现象，它是由肺这个呼吸器官通过吸和呼的动作交替进行来产生的，其实这里还有一个心理因素，那就是内心理解和感觉的生发带来生理性气息的变化，引导气息的运动为生发的表达情感服务。或者说，更深入地理解为，“气”从“肺”来，但“气”更需从“心”来。

我们可以把此文的表达步骤归纳为：理解文意——正确用气——把握节奏——生动有趣。

（十）

莲

选自《民国老课本》

莲花，亦曰荷花。种于暮春，开于盛夏。其叶，大者如盘，小者如钱。茎横泥中，其名曰藕。其实曰莲子。藕与莲子，皆可食也。

· 古文解读：

莲花，也叫荷花。在春天将要过完的时候种植，在盛夏时节开放。莲花的叶子，大的像盘子，小的像钱币。它的茎是横着长在泥中的，名字叫作藕。它的果实叫作莲子。藕和莲子都可以食用。

· 考级指导：

这是一篇介绍植物莲花的说明文。虽是古文，但写法通俗，我们在进行表达时也要注意尽量地生动，那么如何生动表达呢？这里就要注意一些字词的表达，比如“大者如盘，小者如钱”中的“大”和“小”，“茎横泥中”中的“横”，要注意语气的变化和重音。在练习时，可以采取多尝试几次不同语气和不同程度强调重音的方式来进行语言感觉的培养。

场景描述

考级时抽取

主持考级 4 ~ 6 级考级大纲汇总

主持考级内容与要求	四级	1. 绕口令背诵：从指定绕口令篇目中抽选一个绕口令进行背诵。 2. 古诗文背诵：从指定古诗或小古文篇目中抽选一篇进行背诵。 3. 看图说话：根据所提供的图片，准备 10 分钟，模拟主持的方式，说出图中的信息，并做简单的描述，要求能说出图片提供的 5 个具体信息点。
	五级	1. 绕口令背诵：从指定绕口令篇目中抽选一个绕口令进行背诵。 2. 古诗文背诵：从指定古诗或小古文篇目中抽选一篇进行背诵。 3. 看图说话：根据所提供的图片，准备10分钟，模拟主持的方式，尽可能描述出图片提供的所有信息，并可展开联想加以描述。（时间不少于 1 分钟）
	六级	1. 绕口令背诵：从指定绕口令篇目中抽选一个绕口令进行背诵。 2. 古诗文背诵：从指定古诗或小古文篇目中抽选一篇进行背诵。 3. 场景描述：根据提供的场景，进行合理想象与描述，准备 10 分钟后进行指定场景描述（时间不少于 1 分钟）。重点考查主持人语言组织能力和即兴表达能力。
主持考级标准	四级	主持考级时，仪态自然，着装正式，站姿端正，声音洪亮，口齿清晰，语音标准，表达流畅，应答自如，思维敏捷，反应迅速，语言描述图片准确，与考官交流自然大方。
	五级	主持仪态自然，着装正式，站姿端正，声音洪亮，口齿清晰，语音标准，语言流畅，思维敏捷，具备一定的联想能力和思维发散能力，语言逻辑清晰，会运用一定的思想情感从容地进行语言表达。
	六级	主持仪态自然，着装正式，站姿端正，声音洪亮，口齿清晰，语音标准，语言流畅，能自如回答考官提问，眼神、表情均体现较强的交流感，语言组织逻辑清晰，思想情感表达自然得体，并伴有协调的肢体动作，语气语调能体现出一定的抑扬顿挫，描述场景时，具备一定的情景再现能力。

中国艺术科技研究所全国通用考级教材

主持考级

青少组（下）

7～10级

主编：刘宇　陈鑫

副主编：陈斌斌 吕彦锋 卢茜

中国戏剧出版社

图书在版编目（CIP）数据

中国艺术科技研究所全国主持考级教材．青少年组：上中下 / 刘宇，陈鑫主编．——北京：中国戏剧出版社，2020.4
ISBN 978-7-104-04935-7

Ⅰ．①中… Ⅱ．①刘… ②陈… Ⅲ．①主持人－语言艺术－水平考试－教材 Ⅳ．①G222.2

中国版本图书馆 CIP 数据核字（2020）第 060096 号

中国艺术科技研究所全国主持考级教材——青少年组（上中下）
责任编辑：齐钰　赵成伟
责任印刷：冯志强

出版发行：中国戏剧出版社
出 版 人：樊国宾
社　　址：北京市西城区天宁寺前街 2 号国家音乐产业基地 L 座
网　　址：www.theatrebook.cn
电　　话：010-63385980（总编室）
传　　真：010-63383910（发行部）

读者服务：010-63387810
邮购地址：北京市西城区天宁寺前街 2 号国家音乐产业基地 L 座（100055）

印　　刷：廊坊市瑞德印刷有限公司
开　　本：889mm X 1194mm　1/16
印　　张：31
字　　数：750 千字
版　　次：2020 年 4 月北京第 1 版第 1 次印刷
书　　号：ISBN 978-7-104-04935-7
定　　价：178.00 元（上中下）

主持考级专家指导委员会

主任：李晓华

委员：戴　萱　朱卫东　陈　红

　　　刘　宇　陈　鑫　石宁海

前言

党的十八大提出了深化文化体制改革、推动社会主义文化大发展大繁荣、建设社会主义文化强国的重大战略目标。党的十九大提出了新时代文化建设的基本方略，明确了文化建设在中国特色社会主义建设总体布局中的定位，提出了文化自信是建设社会主义文化强国的动力之源。随着人民物质生活水平的不断提高，人民对文化生活有了新的需求，社会艺术教育发展蒸蒸日上，社会艺术水平考级也日趋受到重视和认可。现阶段，蓬勃发展的社会艺术水平考级活动，作为一种有广泛群众基础的社会现象，已经成为专业艺术教育的一种补充形式。

作为文化和旅游部直属的艺术科研机构，中国艺术科技研究所（以下简称艺科所）在数字艺术研发、舞台安全检测与标准制定、艺术品科学研究与鉴定、特色化社会艺术考级等方面都取得了较大成绩。特别是在艺术考级工作方面，我们遵循特色化要求，探索特色化发展路径，考级人数从最初的几万人发展到百万人次以上。为了做强做精艺科所社会艺术水平考级品牌，我们参与完成了《社会艺术水平考级机构备案管理要求》《社会艺术水平考级专业分类要求》《社会艺术水平考级考试服务流程要求》《社会艺术水平考级考点考场设置及环境要求》4 项国家标准，并严格按照标准提供考级服务。

自 2004 年开展考级活动以来，我们本着普及艺术教育，弘扬民族文化发展为己任，始终把规范化作为考级可持续发展的基础，严格按照文化和旅游部《社会艺术水平考级管理办法》开展考级工作。目前承办中国艺术科技研究所考级的承办单位覆盖全国 33 个省级行政区，考级地域辐射广阔，考生层面众多，不仅为推动社会主义文化大发展大繁荣上做出了积极贡献，更为地方的文化建设与发展、艺术教育普及、艺术人才培养贡献出自己的一份力量。

为更好促进青少年儿童听说能力的发展，培养青少年儿童的语言理解能力、口语组织能力、口头表达能力及即兴反应能力，展示出新时代青少年儿童阳光自信、积极乐观、思维灵活、大方得体的精神风貌，提升全民族语言表达综合素质，我们特别成立了全国主持考级专家指导委员会，在全国范围内重点面向学龄前儿童、国家九年义务教育学生开展主持等级考试。

主持考级是以普通话语言表达为主的艺术创造活动。它既是青少年儿童完成语言学习教育任务的一项重要基本功的表现方式，也是涵盖智商、情商以及艺术表演的综合表现方式，既有利于青少年儿童智力发展，提高语言表达能力，又有利于青少年儿童接受艺术熏陶，促进良好道德品质的养成。

根据2012年发布的《国家中长期语言文字事业改革和发展纲要（2016-2020）年》文件精神，教育系统已开始有目的、有选择、有计划地扩充语言考试教材的案例，这对激发中小学生语言文字学习积极性、提高文学素养、从小着手培养语言表达能力具有深远的意义。目前，文化和旅游部已将主持考级项目正式列入社会艺术水平考级推荐目录中，将其作为提高全民文化艺术素质的一项工作，希望充分利用社会力量扩大推广阵地，创新传播方式，提升趣味实用性，以艺术表现手段更好为国家语言文化战略服务。

为此，由中国著名语言教育家、播音主持理论家、中国传媒大学播音主持艺术学院前院长李晓华教授任总顾问，组织国内高校播音主持专业著名教授及业界一线著名播音员、主持人经过近两年的研讨，制定出主持考级大纲，研发编写了本套规范、权威的主持考级教材。希望孩子们能够经过教材学习，通过主持考级，像媒体播音员一样标准发音，像主持人一样侃侃而谈。无论在现在的学习生活场景，还是将来步入社会，都能够大方、自信、得体地与人交流，准确清晰地表述自己的思想，体现出新时代艺术人才的朝气蓬勃与良好的综合素质。

主持考级不仅是一项文化事业，更是一项肩负中华汉语文化普及与教育的重大工程。语言是文化的载体，语言也是快速促进文化传承与传播的重要手段。我们有责任、有信心、有力量规范有序推进主持考级工作，更好服务国家语言文化战略，推动这项伟大事业快速发展！

目录 / CONTENES

七级

八级

目录 / CONTENES

九级

十级

七级

主持考级内容与要求

1. 绕口令背诵：从指定绕口令篇目中抽选一个绕口令进行背诵。
2. 命题讲故事：根据主考老师指定话题讲一个故事（时间1分钟左右）。
3. 场景描述：根据主考老师给出指定场景，准备10分钟后进行场景描述（时间不少于1分钟）。

七级

一、主持考级标准

主持仪态自然，着装正式，站姿端正，声音洪亮，吐字清晰，语音准确，语言连贯，生动形象，有积极表达欲望和丰富的眼神交流，手势运用自然，语言组织逻辑性强，联想合理，语言生动，能明显体现出语气的变化，能正确地运用语气来传达思想情感，从而表达出丰富的内心感受。

七级

二、主持考级提示

七级的主持考级分三项，分别是绕口令背诵、命题讲故事及场景描述。为方便考生考级以及老师培训辅导，下面分别对这三项进行考级提示说明。

一、绕口令背诵考级提示及范例

七级绕口令的选择重点体现舌头在口腔的位置变化对于语音的影响。通过绕口令练习，帮助考生认识到，在说话吐字的时候，舌头的位置要精准，要有明显的变化，才能增加吐字字音的清晰度。本级别选取篇目主要是区分平翘舌音的绕口令。

范例

四老师

石、斯、施、史四老师，
天天和我在一起。
石老师教我大公无私，
斯老师给我精神食粮，
施老师叫我遇事三思，
史老师送我知识钥匙。

这个绕口令第一句中“石、施、史、师”的声母是“sh”，“斯、四”的声母是“s”，注意无论是“sh”还是“s”，都需要把嘴角向两边展开。学生在开口说这个绕口令的时候，可以借助“sh”“s”这两个声母的发音特点，嘴角向两边展开的同时，提颧肌，把笑容带出来，开心地说这个绕口令。

1. 发“s”音的时候舌尖抵下齿背，舌头前端与上齿背接近，气流从舌面和牙齿之间的缝隙挤出来，摩擦发音。
2. 发“sh”音的时候舌尖翘起贴近硬腭前部，气流从二者之间的缝隙中挤出来，摩擦发音。

后四句话“石老师教我大公无私，斯老师给我精神食粮，施老师叫我遇事三思，史老师送我知识钥匙”，都是对“s”“sh”的区分，学生要按照具体发音方法来练习这个绕口令。除此以外，“大公无私、精神食粮、遇事三思、知识钥匙”的表达要从词义的角度出发，读出词语的细微差别，再安排一些语调的高低起伏变化就更好了。

二、“命题讲故事”考级提示及范例

本环节考试内容是给出一个命题，要求学生按照命题来构思一个故事。命题会选取学生熟悉的话题，所讲故事要求大体具备三个方面的内容：情节、人物、细节。

方法要点

1. 紧扣题目，理清思路。故事的开头很重要，如何将听众的兴趣一下子调动起来，必须有新颖的开头。比如可以用提问的方式或互动等方式开头，听故事的兴趣就容易被激发起来。然后根据逻辑顺序，分别讲到故事的主体和结尾。
2. 选取事例，展开想象。讲故事是通过叙述的方式讲一个带有寓意的事件，或是陈述一件往事。这些故事可以是人们回忆自己做过的事，也可以是展开自己的想象，虚构出的事。
3. 简明扼要，条理清晰。故事不要太复杂，便于大家理解，越简单越好。层次要清晰，先讲什么，后讲什么，要有大致的考虑。然后可以运用比喻、夸张等修辞手法，生动形象地表达出来。

比如，《我喜欢做的一件事》这个题目，我们首先要理清思路，这个故事要在哪里讲，在什么场合讲？其次要说明我喜欢做的一件事是什么，这样才好展开故事情节。当然也可以在开头进行互动，抛出“相信很多人都有喜欢做的事情吧？”，或者“你有喜欢做的事情吗？”“你喜欢做的事情是什么呢？”等能引起大家兴趣或思考的问题。

紧接着，通过叙述的方式讲一个带有寓意的事件，或是陈述一件往事。比如舞蹈、美术等特长的培养或学习过程。要注意体现出正确的价值观或积极上进的生活态度。

最后，故事为了便于大家理解，越简单越好，要生动形象地讲述。

范例

我喜欢做的一件事

大家好！我是主持人XXX，今天我要跟大家分享的是一个真实的故事。这个故事所讲的既是我喜欢做的一件事，同时也是我的特长，那就是唱京剧。我特别喜欢唱京剧，从小妈妈就教我“唱戏”，京剧中的很多曲目我都会唱，比如《智斗》《蝶恋》《贵妃醉酒》等。

到了小学，爸爸妈妈还给我报了市京剧团的少儿训练班，请专业的京剧老师教我唱戏、练基本功。这几年，我的每一个周末都是在京剧团度过的。小学四年级，我还参加了市里举办的戏曲大奖赛，得了少儿组一等奖。当时的一等奖得主，可以被全市最好的中学作为特长生录取呢，这让我非常有成就感。妈妈说，京剧是我们的国粹，我一定要好好练习，我要用我的力量让国粹发扬光大，这也是我喜欢唱京剧的原因。你喜欢做的事情是什么呢？愿意跟大家分享一下吗？

训练题目

1. 我最难忘的一次生日
2. 我的一次有意义的旅行
3. 令我印象深刻的一次考试
4. 令我难过的一件事
5. 充实的一天

三、“场景描述”考级提示及范例

本环节考试是根据抽选的指定场景，学生按要求进行场景描述。考试命题会选取学生熟悉的场景类型，比如运动会、联欢晚会等。场景描述的基本要求是有画面感、生动、鲜活，可以展开合理的联想与想象，加入自己的所见、所闻。描述可采取以下两种方式：

1. 细节进入，由点到面。比如“运动会场景”描述：“发令枪一响，几名短跑运动员飞快地冲出了起跑线，整个运动场都沸腾了，大家扯着嗓子为自己班级的运动员加油。运动场上的其他比赛项目也在如火如荼地进行着……”

2. 先总体，再分说。比如“下雪的场景”描述：“下雪了！雪下得真大啊！仿佛整个世界都被雪覆盖了，树上、房子上、田野里，到处都是白茫茫的一片。”这就是从总体去描述这个场景。然后分说，“走近树下，抬头看到树枝上的雪，晶莹透亮，沉甸甸地堆积着，越看越发觉得可爱了呢！”

下面请看一个针对场景“我参加的一次主持活动”进行描述的范例。

范例

场景描述：我参加的一次主持活动

大家好！我是主持人XXX。从小到大，我主持过很多活动。其中印象最深刻的一次要数主持全市校园舞蹈比赛的场景了。来自全市各个学校的参赛选手们齐聚在录制大厅，大家都穿着华丽的演出服，有民族服饰，有年代感很强的民国服饰，还有古代宫廷服饰，每位选手都打扮得漂亮极了。舞台上有很多五颜六色的射灯，舞台很宽敞，还有电视台的记者来录像，那天来了很多同学，台下都坐满了。

晚上七点半，比赛正式开始了。我和另外三位主持人上台向所有的观众问好，介绍台下的专家评委老师。比赛开始后，选手们

的精彩表现赢得了台下阵阵热烈的掌声。经过激烈角逐，比赛最终评选出了金、银、铜奖的获奖选手。晚会结束后，我机智幽默的主持风格还得到了主办方老师的夸奖呢！

T 训练题目

1. 秋高气爽，学校举办了一年一度的秋季运动会，操场上各种比赛项目都在紧张地进行着。请描述你熟悉的校园运动会场景。
2. 夏天，天气十分炎热，爸爸带我来到游泳馆游泳。请你描述一下游泳馆内的场景。
3. 周末，爸爸带我去电影院看电影，电影院内人很多。请描述一下你看到的电影院内的场景。
4. 晚饭后，妈妈和我到离家不远处的一个公园里散步。请描述你看到的公园里人们散步时的场景。
5. 爸爸妈妈带我来到热闹的夜市吃夜宵，道路两旁有许多小吃摊。请描述一下你看到的夜市的场景。

七级

三、主持考级篇目

七级的主持考级篇目分三项，分别是绕口令、命题讲故事和场景描述。

绕口令

（一）

四和十

四是四，十是十，

十四是十四，四十是四十。

谁能说准四十、十四、四十四，

谁来试一试。

谁说十四是四十，就打谁十四，

谁说四十是十四，就打谁四十。

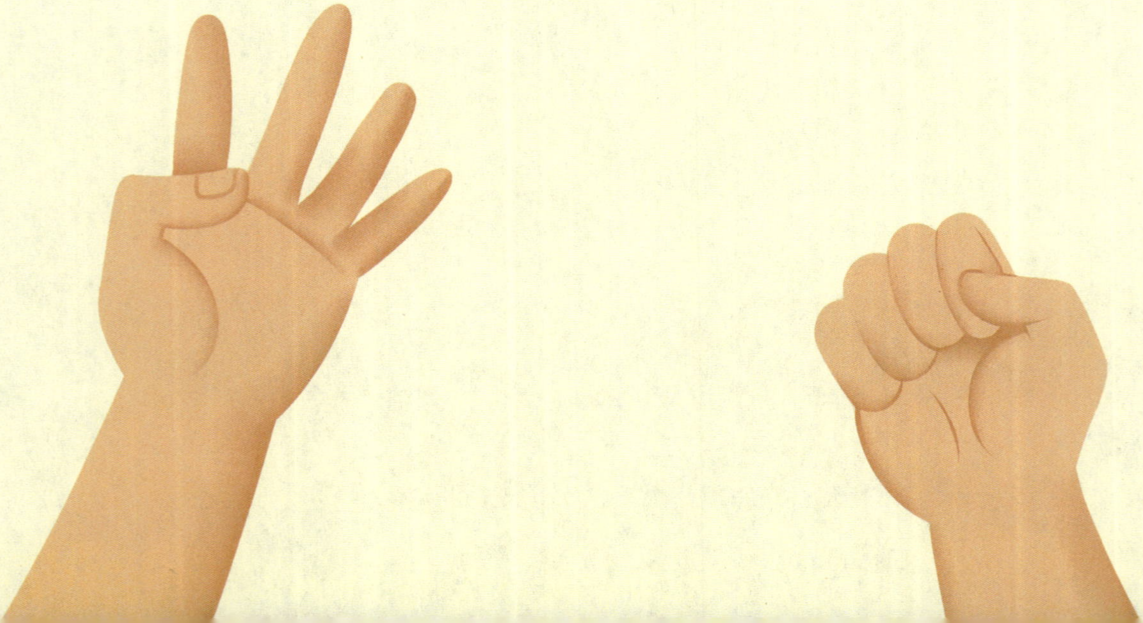

（二）

三小子和三哥三嫂子

山下住着三小子，
山上住着三哥三嫂子。
山下的三小子，
找山上的三哥三嫂子，
借三斗三升酸枣子，
山上的三哥三嫂子，
借给山下三小子三斗三升酸枣子。

（三）

司令部

师部司令部指示，四团十连石连长带四十人在十日四时四十四分按时到达师部司令部，师长在师部司令部给四十人召开誓师大会。

（四）

山里寺

山里有个寺，山外有个市，

弟子三十三，师父四十四。

三十三的弟子在寺里练写字，

四十四的师父到市里去办事。

三十三的弟子用了四十四小时，

四十四的师父走了三十三里地。

（五）

四老师

石、斯、施、史四老师，

天天和我在一起。

石老师教我大公无私，

斯老师给我精神食粮，

施老师叫我遇事三思，

史老师送我知识钥匙。

（六）

刘小柳和牛小妞

路东住着刘小柳，

路西住着牛小妞。

刘小柳拿着九个红皮球，

牛小妞抱着六个大石榴。

刘小柳把九个红皮球送给牛小妞，

牛小妞把六个大石榴送给刘小柳。

（七）

懒汉卖鸡卵

有个懒汉本姓阮，
提个篮子卖鸡卵，
“卖卵”“卖卵”使劲喊，
谁都不来买鸡卵。
不是鸡卵品种乱，
而是鸡卵皮太软。
既然鸡卵皮太软，
难怪卖不出鸡卵。

（八）

红红和芬芬

红红糊红粉灯笼，给军属送光荣灯；

芬芬糊粉红灯笼，给军属送灯光荣。

红红糊完红粉灯笼，糊粉红灯笼；

芬芬糊完粉红灯笼，糊红粉灯笼。

（九）

花鸭与彩霞

水中映着彩霞，水面游着花鸭。

霞是五彩霞，鸭是麻花鸭。

麻花鸭游进五彩霞，

五彩霞网住麻花鸭。

乐坏了鸭，拍碎了霞，

分不清是鸭还是霞。

（十）

摘柿子

四个孩子摘柿子，

老大摘了四个十，

老二摘了十个四，

老三摘了四十个，

老四摘了十四又四十。

命题讲故事

详见现场抽题

场景描述

详见现场抽题

八级

主持考级内容与要求

1. 绕口令背诵：从指定绕口令篇目中抽选一个绕口令进行背诵。
2. 故事接龙：根据主考老师指定的故事开头进行续接，要求给出新的信息，推动故事发展。（时间不少于1分钟）
3. 话题阐述：根据所抽选话题进行准备，准备时间十分钟，然后进行阐述，时长不少于90秒。

八级

一、主持考级标准

主持仪态自然，着装正式，站姿端正，声音洪亮，吐字清晰，语音准确，用声自如，不捏不挤，语言连贯，逻辑性强，表达自然，语气生动，思维联想具有发散能力。

八级

二、主持考级提示

八级的主持考级分三项，分别是绕口令背诵、故事接龙以及话题阐述。为方便考生考级以及老师培训辅导，下面分别对这三项进行考级提示说明。

一、绕口令背诵考级提示及范例

八级绕口令的选择重点体现舌头和唇齿的配合变化对于语音的影响。通过绕口令练习，帮助学生认识到，在说话吐字的时候，舌头、唇、齿的位置要精准，要有明显的变化，才能增加吐字字音的清晰度。

范例

锡匠和漆匠

东边来了个锡匠卖锡，
西边来了个漆匠卖漆。
锡匠拿锡换漆匠的漆，
漆匠拿漆换锡匠的锡。
锡匠换了六斤六两漆，
漆匠换了九斤九两锡。
锡匠漆匠笑嘻嘻，
锡匠漆匠都有了漆和锡。

这个绕口令里面有两个人物，分别是“锡匠”和“漆匠”，“漆”和“锡”的声母分别是“q”和“x”。

1. 在发“q”音时，舌面抬起抵住硬腭前部，气流通道被完全堵住，然后硬腭和舌面之间打开一条窄缝，气流从中挤出，摩擦成声。
2. 在发“x”音时，舌面抬起接近硬腭前部，形成一个窄缝，气流从舌面与硬腭之间的窄缝挤出，摩擦成声。

j、q、x这一组声母发音时，一定要在舌面着力，舌尖不要往齿背用力，这样字音才会准确、清晰、规范。

二、“故事接龙”考级提示及范例

本环节的考试内容是给出一个故事的开头，要求考生按照给出的信息提示展开丰富的联想和想象，进行合理的艺术加工，将故事的情节进行补充和完善，成为一个较为完整的故事或故事片段。考试命题会从考生熟悉的生活中选取，以便于学生“有话可说”。

方法要点

1. 从给出的故事开头线索中找出关键的信息点，由信息点联想到自己熟悉的生活场景或者相关事物，进而提炼出接下来故事的合理走向及相关情节与材料。

2. 运用丰富的想象力和生动的语言组织能力来塑造形象、反映生活。如若能在接龙的故事中体现正能量和一定的思想教育意义就更好了。

范例

题目：学期末的最后一天，同学们都早早来到了学校，今天注定是不同寻常的一天，上课铃声响起，班主任老师带着一位年轻的女老师走了进来……

学期末的最后一天，同学们都早早来到了学校，今天注定是不同寻常的一天，上课铃声响起，班主任老师带着一位年轻的女老师走了进来。我们都知道，今天是班主任王老师和我们分别的日子，今天的这位年轻的女老师是来接替她担任新的班主任的。几天前，同学们得到消息，在王老师主动要求下，她下学期将作为志愿者被派往贵州贫困山区去支教两年。说真的，真舍不得王老师离开我们，她带我们的这几年，每天来得最早，也总是最后一个离开学校，为我们的学业操碎了心，同学

们私下里都喊她“王妈妈”。她和蔼可亲，对待同学们像对待自己的孩子一样，不管是生活还是学习，都关心备至。我们虽然舍不得王老师，但是也知道，贵州贫困山区的孩子们更渴望知识，更需要王老师，同学们被王老师这种无私奉献的精神深深打动，我们想对王老师说：“老师您放心，我们一定好好学习，等您回来！”

范例解析

班主任老师带着一位年轻的女老师走了进来，接下来会发生什么事？是要给我们介绍一位新的任课老师？还是要换班主任？顺着这样的思路去说一些关于学习的内容是比较顺理成章的。但是前面故事的开头曾经提到：“今天注定是不同寻常的一天。”所以很明显今天要发生不同寻常的事情。比如，班主任老师告诉同学们今天是她给我们上的最后一节课，这位年轻的女老师将接替她成为我们的新班主任。由于先前有交代是“不同寻常的一天”，那么说明事先大家是知道原因的，那么在接龙时，就可以把这个原因讲出来。又比如班主任被调到一所新的学校支援新校建设了，或者是班主任要去贫困山区支教要离开我们一段时间，等等。

无论对这个故事进行怎样的续编，都要有说服力，更要合乎逻辑。如果在考级中想要得到高分，最后一定要升华主题，归纳出这个故事有什么好的意义或思想启迪。比如，老师要去贫困山区支教，她想让山区的孩子们也能受到和城里孩子一样的教育，帮助他们用知识走出大山，将来也能考上大学，脱离贫困，成为社会的栋梁之才，这是一种高尚的无私奉献精神。

T 训练题目

1. 暑假的一天早晨，爸爸妈妈都去上班了，小明独自在家学习，正在书房看书的时候，突然闻到了一股焦糊的味道，他赶紧起身走出书房，看到客厅里已经有了一些烟雾，并且发现烟雾是从门外进来的……
2. 放学了，东东和几位小朋友在家属院楼下踢足球，东东一不小心一个射门把球踢到了二楼的阳台，只听到咣当一声，阳台上的一盆花从二楼掉了下来……
3. 星期六早晨，花花和妈妈去买菜，在菜市场，花花看到旁边买菜的一位阿姨的挎包开着口，里面的钱包和手机都露了出来……
4. 一年一度的“校园故事大王比赛”又要开始了，班级今天要进行初选，老师建议我参加……
5. 妈妈清理出来一大堆我这几年穿小了的衣服，说让我自己处理，我该怎么办呢……

三、“话题阐述”考级提示及范例

本环节的考试是抽取一个话题，要求学生按照话题中的信息来发表自己的观点和看法。

方法要点

1. 调动思维，亮明观点。运用自己的思维，迅速组织语言，归纳出想要说明的观点。比如话题是“影响心情的某种天气”，说到“天气”，可以想到晴天、阴天、雨天、雪天等，再选取一个能和自己心情联系起来的天气，比如自己很喜欢雨天，因为雨天能让我看着雨滴静静地思考等，进而来进行话题阐述。
2. 选取事例，生动阐述。具体的阐述要有事例和故事的支撑，可以是你的亲身经历，也可以是周围人的例子或者是与话题有关的新闻事件。只要是能够对阐明自己观点有帮助的例子都可以选择。比如，话题阐述“我好朋友的优良品质”，可以用具体的事例说明自己的好朋友哪个方面的优良品质是你最为欣赏和喜欢的，比如“待人真诚”“乐于助人”“孝顺父母”等，然后选取一到两个和这个品质相关的事例来做说明，运用语言表达的技巧，把这个故事生动地讲述出来。由于时间关系，不要求多，选取一个具体方面即可，切忌什么都想说，结果都没有阐述清楚。

范例

题目：请谈谈你对“贪心没有好结果”的理解。

大家好，我是主持人 XXX，今天由我来给大家讲讲我对“贪心没有好结果”的看法。

贪心是很多祸事的根源，有些人因为贪心想得到更多的东西，结果把现在所拥有的也都失去了。

在这里，我想通过两个事例来说明这个道理。第一个是关于赌博的事，我们从一些法治电视栏目和新闻事件中可以了解到，赌博是一种违法行为，坑害了很多人。一些人参与赌博后，越陷越深，不能自拔，赢了一次之后，他们认为继续赌下去能得到更多的钱；在输了之后，他们也不甘心，更想继续赌下去弥补损失，结果不但没有赚到钱，还输掉了原来的钱；有些人为了能找到钱去继续赌博，不惜做出抢劫、诈骗等犯罪行为，更严重的甚至导致家破人亡。第二个故事出自《山海经·海内南经》，叫“贪心不足蛇吞象”。从前，有一个很穷的人，一次偶然的机会，好心的他救了一条蛇的命，蛇很感动，想要报答他的救命之恩，于是对他说可以满足他的愿望。这个人一开始只提出想要好的吃穿，但后来他越来越贪心，要求也越来越多。他想要做官，直到做了宰相仍然不满足，居然还想当皇帝。蛇深深地觉得他的贪心是永无止境的，于是再也不想满足他的要求了，一口就把这个人吞到肚子里了。在这里，蛇吞掉的是宰相，而不是大象。于是留下了“人心不足蛇吞相”的传说，后来有人把宰相的“相”写成了大象的“象”，于是就变成了“人心不足蛇吞象”或“贪心不足蛇吞象”。

这两个故事告诉我们：贪心要不得，尤其是那些失去理智的贪心，很有可能就会毁掉自己。

J 范例解析

这个范例采取的是开头首先亮明观点，然后选取具体的两个事例来支撑说明观点，最后用一句话来做总结。条理清晰，简明扼要，用举例的方式很好地支撑了自己的观点。阐述话题的时候，还要注意语言的生动性，语音语调的变化，甚至一些副语言如手势、眼神等的运用，这些都会起到很好的辅助作用。

T 训练题目

1. 我好朋友的优良品质。
2. 介绍我最喜欢的一本书。
3. 如何做一名优秀的少先队员。
4. 说说为什么喜欢下雪的天气。
5. 怎样学习才能快速提高成绩。

八级

三、主持考级篇目

八级的主持考级篇目分三项，分别是绕口令、故事接龙和话题阐述。

绕口令

（一）

任命和人名

任 命 是 任 命 ，

人 名 是 人 名 ，

任 命 人 名 不 能 错 ，

错 了 人 名 错 任 命 。

（二）

猪粗腿和猪腿粗

猪粗腿和猪腿粗

两只猪比腿粗，

不知是猪粗腿的腿粗，

还是猪腿粗的腿粗。

（三）

柿子树和石狮子

山前有四十四棵死涩柿子树，

山后有四十四只石狮子。

也不知是山前的四十四棵死涩柿子

树涩死了山后的四十四只石狮子，

还是山后的四十四只石狮子咬死了

山前的四十四棵死涩柿子树。

（四）

撕字纸

隔着窗户撕字纸，

一撕横字纸，再撕竖字纸，

横横竖竖撕字纸，

撕了四十四张湿字纸。

（五）

严圆眼和严眼圆

山前有个严圆眼，

山后有个严眼圆，

二人山前来比眼，

不知是严圆眼比严眼圆的眼圆，

还是严眼圆比严圆眼的眼圆。

（六）

司小四和史小世

四月十四日十四时四十上集市，

司小四买了四十四斤四两西红柿，

史小世买了十四斤四两细蚕丝。

司小四要拿四十四斤四两西红柿

换史小世十四斤四两细蚕丝，

史小世十四斤四两细蚕丝，

不换司小四四十四斤四两西红柿。

（七）

化肥会挥发

黑化肥发灰，灰化肥发黑，

黑化肥发灰会挥发，

灰化肥挥发会发黑，

黑化肥发灰挥发会花飞，

灰化肥挥发发黑会飞花。

（八）

石小四和史肖石

石小四年十四，史肖石年四十。

年十四的石小四爱看诗词，

年四十的史肖石爱看报纸。

年四十的史肖石发现了好诗词，

忙递给年十四的石小四，

年十四的石小四

见了好报纸，

忙递给年四十的史肖石。

（九）

日头和石头

天上有个日头，地下有块石头，
嘴里有个舌头，手上有五个手指头。
不管是天上的热日头，
地下的硬石头，嘴里的软舌头，
手上的手指头，
还是热日头，硬石头，软舌头，
手指头，反正都是练舌头。

（十）

锡匠和漆匠

东边来了个锡匠卖锡，

西边来了个漆匠卖漆。

锡匠拿锡换漆匠的漆，

漆匠拿漆换锡匠的锡。

锡匠换了六斤六两漆，

漆匠换了九斤九两锡。

锡匠漆匠笑嘻嘻，

锡匠漆匠都有了漆和锡。

故事接龙

详见现场抽题

话题阐述

详见现场抽题

九级

主持考级内容与要求

1. 绕口令背诵：从指定绕口令篇目中抽选一个进行背诵。
2. 话题阐述：根据所抽选话题进行阐述，准备时间10分钟，阐述时长不少于90秒。九级的“话题阐述”题目比八级要提高相应的难度和深度。
3. 情景主持：根据所抽选题目进行主持，要求具有开场、主要内容和结束语三个部分，准备时间10—15分钟，主持时长不少于2分钟。

九级

一、主持考级标准

主持仪态自然，着装正式，站姿端正，声音洪亮，吐字清晰，语音准确，用声自如，不捏不挤，语言连贯，逻辑性强，表达自然，不甩腔甩调，语气生动，有积极表达欲望和丰富的眼神交流，手势等副语言配合准确到位，词汇丰富，观点明确，说服力强，思维联想具有发散能力，表达具有较好的总结概括能力。

九级

二、主持考级提示

九级的主持考级分三项，分别是绕口令背诵、话题阐述以及情景主持。为方便考生考级以及老师培训辅导，下面分别对这三项进行考级提示说明。

一、绕口令背诵考级提示及范例

九级绕口令的选择重点体现舌头在口腔的位置变化以及发音部位的不同对于语音的影响。通过绕口令练习，帮助考生认识到，在说话吐字的时候，舌头的位置要精准，要有明显的变化，才能增加吐字的清晰度，不会出现歧义。本级别选取篇目主要是区分前后鼻音的绕口令。

范例：

殷英敏和应尹铭

东庄儿住着个殷英敏，西村儿住着个应尹铭。

应尹铭打蚊子，殷英敏捕苍蝇。

不管天阴或天晴，二人工作不消停，

为比辛勤通了信，要看谁行谁不行。

不知殷英敏捕的苍蝇多过应尹铭打的蚊子，

还是应尹铭打的蚊子多过殷英敏捕的苍蝇。

这段绕口令里面有两个人物，分别是“殷英敏”和“应尹铭”，分别涉及前后鼻音“in”和“ing”。分清前后鼻音其实并不难，只要分清二者的发音部位就可以了。最需要注意的是舌头的位置。

1. 前鼻韵母in：in的尾音是-n，发音时舌头往前伸，最后顶住下齿龈，嘴巴是张不大的。比如“尹”“殷”“敏”。

2. 后鼻韵母ing：ing的尾音是-ng，发音时舌根向后抬高，最后跟软腭相抵，嘴巴是可以张不大的。比如“应”“英”“铭”等。

总结起来就是发前鼻音舌头往前伸，发后鼻音舌头向后抬，舌头的运动方向要正确，最后形成阻碍的部位要精准。

二、“话题阐述”考级提示及范例

本环节的考试内容与八级大致相同，也是给出一个话题，要求考生按照话题中的信息来发表自己的观点和看法。具体方法要点可参考八级，但是本级的要求比八级的话题更有深度，要进一步考查学生的概括总结能力。

范例

题目：人人都渴望得到幸福，但每个人对幸福的理解会有所不同。请谈谈你理解的幸福是什么。

大家好！我是主持人XXX。今天我要跟大家分享一下我对于幸福的理解。

幸福，对于每一个人来说，其内涵都是不一样的。以前听过一段话："小时候，幸福是一样东西，得到就幸福；长大后，幸福是一个目标，实现就幸福；再后来，幸福是一种状态，体会到就幸福。"我觉得很有道理。

比如，小朋友说："有巧克力吃，有饮料喝，有手机看，就是幸福。"年轻人说："有自力更生的能力，有一份自己喜欢的工作，就很幸福。"中年人说："孩子能够健康快乐地长大，就是幸福。"老年人说："有个健康的好身体，就是幸福。"

随着年龄的增长，对幸福的理解也会不同，但是又有相同之处，那就是：无论什么样的幸福，都是自己向往的，乐在其中的生活或者工作的状态。愿我们每个人都被幸福围绕，时常都能感受到幸福！

训练题目

1. 事物的发展要遵循客观规律，违背客观规律，往往就会事与愿违。请谈谈你对“拔苗助长”的看法。
2. 从小到大，我们在学习过程中会遇到许多老师，其中一定也会有令人印象深刻、难以忘怀的好老师。那么你眼中的好老师是什么样子的呢？请说一说。
3. 当别人遇到困难时，你伸出援助之手，帮助别人解决了困难，别人感谢的言语和目光给你也带来了喜悦。谈一谈你是怎么看待助人为乐的。
4. 做事情贵在坚持，无论是学习还是工作。请你从“水滴石穿”的现象说一说坚持的重要性。
5. 有人说，有一个聪明的大脑是成功的前提；也有人说，家境富裕的客观条件才能支撑成功；

还有人说，勤恳踏实地努力做事才能成功。你更倾向于哪种说法？谈一谈你的观点。

三、"情景主持"考级提示及范例

本环节的考试内容是抽取一个主题，要求学生按照主题要求的情景来进行主持。主持活动包括：开场、中间环节串词、以及结尾。

应注意以下方面：

1. 在主持活动中，注意与观众的互动。互动是主持中很重要的一个方面，开场主持一定要注意与现场观众的交流。比如：亲爱的同学们，大家知道端午节为什么要吃粽子吗？你们最喜欢吃什么馅儿的粽子呀？等等。
2. 注意进行相关主持程序的说明。比如晚会议程、活动流程等的说明和介绍。甚至还需要根据现场情况进行随机点评。
3. 注意结束语的总结。主持活动的结束语很重要，对主持人的概括能力要求比较高。除了对主持活动本身的情况总结和阐述外，还可以说出对于现场观众的美好祝愿、感谢他们到场参加，或者期待再次相聚之类的话语。

范例

班级中秋晚会主持

（开场）尊敬的老师们，亲爱的同学们，大家晚上好！欢迎大家来到我们六年级（1）班中秋晚会的现场，我是今天的晚会主持人东东。

我们都知道，中秋节是我们中华民族的传统佳节，它起源于上古时代，盛行于宋朝以后。大家请看下窗外，是不是看到今晚的月亮又大又圆啊？中秋节月亮的圆满，象征团圆，因而中秋节又叫“团圆节”。中秋节的时候，外出的亲人要返家与家人团圆，在外不能回家的亲友，也会以各种形式欢度中秋节，人们吃月饼，赏月，玩花灯等等，以此祈盼丰收，寄托思念故乡、思念亲人之情。今天我们也非常荣幸能和老师们欢聚一堂，一起来欢度这个中秋佳节！

（中间环节）首先请欣赏第一个节目，由我们班级合唱队表演的合唱《我和我的祖国》，大家欢迎。

伟大祖国是我们心中永远的歌！是我们永远的

母亲！让我们以热烈的掌声感谢合唱队同学们的精彩演出！

接下来，是我们的中秋许愿环节。请大家打开自己手中的橘子灯，关闭教室的日光灯，让我们在浪漫的灯光中静默一分钟，许下自己中秋佳节的美好祝愿！

（结束语）快乐的时光总是太短暂，我们的中秋晚会马上就要结束了，让我们一起在音乐声中，祝愿我们的老师和同学们幸福常伴，心想事成！明年的中秋节期待大家再次相聚在这里，让快乐永远伴随在我们每个人身边！亲爱的老师们、同学们，我们明年中秋节再见！

训练题目

1. “班干部竞选”主题班会主持
2. 班级新年联欢会主持
3. 长辈生日宴会主持
4. “学雷锋”主题班会主持
5. 端午节校园诗歌朗诵会主持

九级

三、主持考级篇目

九级的主持考级篇目分三项，分别是绕口令、话题阐述和情景主持。

绕口令

（一）

母亲、小青和小琴

生身亲母亲，谨请您就寝，
请您心宁静，身心很要紧。

小青和小琴，小琴手很勤，
小青人很精，手勤人精，琴勤青精。
你是学小琴还是学小青？

（二）

红绿灯和京剧

十字路口红绿灯，红黄绿灯分得清。
红灯停，绿灯行，黄绿灯亮向左行，
行停停行看灯明。

京剧叫京剧，警句叫警句。
京剧不能叫警句，警句不能叫京剧，
更不能叫金剧。

（三）

星星

天上满天星，
地上满山灯，
是灯还是星？
是星还是灯？
满天星亮满天庭，
满山灯接满天星。
星映灯，灯映星，
分不清是灯还是星。

（四）

殷英敏和应尹铭

东庄儿住着个殷英敏，

西村儿住着个应尹铭。

应尹铭打蚊子，殷英敏捕苍蝇。

不管天阴或天晴，二人工作不消停，

为比辛勤通了信，要看谁行谁不行。

不知殷英敏捕的苍蝇多过应尹铭打的蚊子，

还是应尹铭打的蚊子多过殷英敏捕的苍蝇。

（五）

种冬瓜

东门童家门东董家，

童、董两家，同种冬瓜，

童家知道董家冬瓜大，

来到董家学种冬瓜。

门东董家懂种冬瓜，

来教东门童家种冬瓜。

童家、董家都懂得种冬瓜，

童、董两家的冬瓜比桶大。

（六）

盆和瓶、陈和程

桌上放个盆，盆里有个瓶，

砰砰啪啪，啪啪砰砰，

不知是瓶碰盆，还是盆碰瓶。

陈是陈，程是程，

姓陈不能说成姓程，

姓程不能说成姓陈。

禾旁是程，耳东是陈。

如果陈程不分，就会认错人。

（七）

盆和棚

老彭捧着一个盆，

路过老庞干活儿的棚，

老庞的棚碰了老彭的盆。

棚倒盆碎棚砸盆，盆碎棚倒盆撞棚。

老彭要赔老庞的棚，

老庞要赔老彭的盆。

老庞陪着老彭去买盆，

老彭陪着老庞来修棚。

盆碰棚，棚碰盆，棚倒盆碎，

是棚赔盆，还是盆赔棚？

（八）

坑外长着一老松

坑外长着一老松，松上落着一只鹰，
鹰下坐着一老僧，僧前点着一盏灯，
灯前搁着一部经，墙上钉着一根钉，
钉上挂着一张弓。说刮风，就刮风，
刮得那男女老少难把眼睛睁，
刮散了天上的星，刮平了地下的坑，
刮化了坑里的冰，
刮倒了坑外的松，
刮飞了松上的鹰，
刮走了鹰下的僧。

（九）

买混纺

丰丰和芳芳，上街买混纺。

红混纺，粉混纺，黄混纺，灰混纺。

红花混纺做裙子，粉花混纺做衣裳。

穿上新衣多漂亮，丰丰和芳芳喜洋洋。

感谢叔叔和阿姨，

多纺红、粉、黄、灰好混纺。

（十）

炖冻豆腐

会炖我的炖冻豆腐，
来炖我的炖冻豆腐，
不会炖我的炖冻豆腐，
就别炖我的炖冻豆腐。
要是混充会炖我的炖冻豆腐，
来炖我的炖冻豆腐，
炖好了我的炖冻豆腐，
就能吃我的炖冻豆腐，
炖坏了我的炖冻豆腐，
那就吃不成我的炖冻豆腐。

话题阐述

详见现场抽题

情景主持

详见现场抽题

十级

主持考级内容与要求

1. 妙语连珠：结合学习生活场景和见闻，选取一个事件进行叙述，要求至少引用两个成语或一句古诗句（时间不少于1分钟）。
2. 观点致胜：根据主考老师给出的题目，以“社会主义核心价值观”为正确思维导向，以弘扬“真善美”为目的，发表自己的观点和看法（时间不少于2分钟）。
3. 博学小主持：根据主考老师给出的题目，调动自己的知识储备，围绕主题进行内容丰富、有理有据、逻辑清晰的主持（时间不少于2分钟）。

十级

一、主持考级标准

主持仪态自然，着装正式，站姿端正，声音洪亮，语音准确，吐字清晰，语言连贯，有独特的感受，有独到的、具备一定思想内涵的见解，有较好的语言组织能力，能生动形象地表达内心所思所想。手势等副语言的配合自然到位；具备一定特点的主持风格；各个环节的应答体现主持人基本的口语表达样式。

十级

二、主持考级提示

十级的主持考级分三项，分别是妙语连珠、观点致胜以及博学小主持。为方便考生考级以及老师培训辅导，下面分别对这三项进行考级提示说明。

一、"妙语连珠"考级提示及范例

十级的"妙语连珠"考级环节要求考生结合学习生活场景和见闻，选取一个事件进行叙述。本环节考试侧重于考查学生的知识储备和文化底蕴，因此特别要求在叙述中至少能引用两个成语或一句古诗句。引用是一种常见的修辞手法，可以使语言更加言简意赅，帮助说理与抒情，同时可以增加说话的文采，从而增强语言的表现力和说服力。成语是中国传统文化的一大特色，很大一部分是从古代相承沿用下来的，经过长期使用锤炼而成，富有深刻的思想内涵。成语的运用可以使语句简洁精练、生动形象，增加语音抑扬顿挫的韵律感，使语言具有更强的艺术效果。本教材在第三部分"主持考级篇目"中罗列了部分成语，供学生考前准备时参考。我们从五万多个成语中选取了偏故事类的成语，比如历史故事、神话故事和寓言故事等，在考级时可以参考教材提供的成语，也可以引用自己所掌握的其他各种成语，只要跟语境相吻合都是可以的。

"腹有诗书气自华"，优秀古代诗文的积累是学生精神世界和语文素养的重要组成部分，面对网络词汇的冲击，我们有责任让考生自觉承担起弘扬民族文化的责任，更好地使用与传承优秀古代诗文。在主持考级的一级至六级，我们分别设置了古诗文背诵环节。积累的目的是为了运用，在第十级的主持考级中，我们重点考查考生如何从自己的语言资料库中调取运用，增加语言表达的魅力。

下面我们给考生提供的“妙语连珠”考级范例1中，就引用了多个成语。

范例1

大家好！我是主持人xxx，今天我想跟大家分享的是，在学习中调整负面情绪的重要性。不知道大家有没有考试发挥失常过？考过的最低分又是多少呢？记得有一次生物考试，我史无前例地考了56分，竟然没有及格！这让成绩一直都名列前茅的我瞬间崩溃，好几天都处在沮丧中，觉得不知道该如何面对老师和同学们。但我没有让自己长时间被低落的负面情绪操控，而是认真查找没有考好的原因，粗心是一方面，还有一些知识掌握不扎实。我迅速调整好自己的状态，制定了周密的学习计划，决心要将生物这座大山拿下。记得那段时间，我进入了一种“吃饭、学习、睡觉”的循环战斗状态，我坚信“铁杵磨针”“水滴石穿”，只要踏踏实实地付出，发扬“悬梁刺股”的精神，就一定能够取得成功。果然，在不久后的又一次生物考试中，我一下子考了98分，重新找回了自信。这段经历告诉我，用正面的情绪来引导鼓励自己才是自己，在学习过程中不断进步的法宝。

在上面的范例 1 中，小主持人叙述了他学习过程中考试发挥失常的一次经历。面对考试成绩不理想，他没有自暴自弃，而是用正确的方法调整了情绪，以一种积极的态度面对考试压力，采取了一系列补救的方式。他的话语表现了他面对挫折不气馁、振作精神不服输的志气。思想积极向上，给大家正面的思考启发，同时满足了考级要求，用到了“史无前例”“名列前茅”“铁杵磨针”“水滴石穿”“踏踏实实”“悬梁刺股”等六个成语。以上范例约 380 字（含标点），正常的语速下说话时长能达到一分多钟，所以考生在准备的时候，基本按照每个事例 300 字左右进行准备就可以了。

再看范例 2，结合自己积累的历史故事讲述了一段话，在话语中，不仅引用了成语，还引用了古诗句。

范例 2

大家好！我是主持人 xxx，今天我想为大家讲一个关于奋斗的故事。这个故事的主人公名叫司马迁，是西汉著名的文学家、史学家、思想家。司马迁从小就喜欢看父亲读书写字，并立志要写一部能够流传千古的著作。就在他埋头苦干努力写书的七年间，因触怒汉武帝被捕入狱，遭受了屈辱的酷刑。司马迁想过要自杀，但是考虑到自己七年的心血之作还没有完成，因此他忍受着巨大的屈辱和痛苦，继续坚持写书。历经18年，终于完成了历史上著名的史学巨著《史记》。《史记》被誉为“史家之绝唱，无韵之离骚”，被列为“二十四史”之首，对后世史学和文学的发展都产生了深远影响。“宝剑锋从磨砺出，梅花香自苦寒来”，司马迁写《史记》

的故事告诉我们，成就不是轻而易举就能获得的，它需要付出艰辛的努力，这值得我们每一个人去学习和思考。

在上面的范例2中，小主持人给我们分享了一个历史人物司马迁奋斗的故事。在他的话语表达中，不仅引用了“流传千古”“埋头苦干”等成语，而且在话语的结尾还引用了古诗句“宝剑锋从磨砺出，梅花香自苦寒来”，满足了考级要求。值得一提的是，话语中还有一处引用，那就是鲁迅先生对《史记》的评价：“史家之绝唱，无韵之离骚”。范例2约340字（含标点），表述需要一分多钟，时长也符合考级要求。

二、“观点致胜”考级提示及范例

本环节的考级要求是：学生根据主考老师给出的题目，融入真善美的引导，发表自己的观点和看法。主考老师会选取考生熟悉的话题设置题目，现场考级时，学生的观点需要正确清晰，言之有理，有自己的想法和独特的感受。抽到考题后，可以通过以下几个步骤进行准备。

1. 分析题目，理清思路。

审题非常重要，首先，要从题目当中选择一个你认同的观点；其次，观点要遵循社会主义核心价值观的基本要求；最后，确定自己在阐述观点时可以用到的几个关键词，并且梳理清楚这几个关键词之间的关系。

2. 选取事例，组织语言。

首先联系实际，确定选取的事例是否和选择的关键词息息相关，避免跑题。其次运用好逻辑思维，想想自己积累了哪几个重要的论据，可以用“倒金字塔”的顺序进行排列，把重要的、出彩的论据放在最前面；也可以按照时间顺序，把论点放在最前面，开门见山，直接说出自己的观点，然后把事情的前因后果解释清楚。最后结合自己或他人的学习生活实际，梳理出话题的结构。

3. 真诚交流，引发共鸣。

在进行观点阐述时，小主持人要注意把握运用真实的内心感受，真诚自然地说出自己的观点，避免过于僵化、刻板的语言表达状态，不要有演讲或朗诵的腔调，做到朴实叙述、形象描述、动情评述，使自己的观点具有说服力，并深入人心、引发共鸣。

下面我们来看一个考级题目的分析。比如考生抽到的考级题目是：没有收入来源的中学生可不可以做公益？请谈谈你的看法。

首先，要理清思路，选择一个你认同的观点，可以还是不可以呢？其次，选定观点后，要确定自己阐述观点的关键词是哪几个，“没有收入来源”“公益”很明显是两个关键词。紧接着，努力搜寻能够支撑自己观点的例子，可以从亲身经历、家人的经历、媒体报道等多方面去寻找论据。特别提醒的是，你的话语观点不能违背社会主义核心价值观的要求。最后，在声音呈现上，表达时的语气要坚定，通过节奏、停顿、重音等有声语言表达技巧的运用，来使考官认可接受你的观点和看法。

范例

大家好！我是主持人XXX，今天我们聊一聊“没有收入来源的中学生可不可以做公益”这个话题。首先，我个人认为，没有收入来源的中学生是可以做公益的。俗话说得好，“有钱出钱，有力出力”，做公益不是只有捐钱一种途径，有很多种其他方式可以做。比如捡垃圾，为环保出份力；再比如捐书、捐衣服给有需要的人；也可以参加一些公益演出，弘扬正能量的思想，等等。

没有收入来源的中学生不但可以做公益，还可以长期做公益。比如加入儿童福利院的爱心组织，利用节假日或课余时间去福利院和小朋友们一起玩耍、一起学习，把真诚的关怀和爱带给他们，让他们感受到社会的温暖。我们还可以去敬老院探望老人，为他们端茶倒水，捶捶腿捏捏肩，和他们聊聊天谈谈心，做一些自己力所能及的事情。

没有收入来源只是意味着我们没有能力用很多钱来做公益。但针对需要帮助的人，我们如果能捐一点零花钱、压岁钱，其实也是值得鼓励和肯定的。当然也要判断筹款的真实性，不能盲目捐款。

做公益的方式有很多种，做公益没有门槛的标准，没有攀比的必要，只要用心投入，有时候即使一句真诚的话语，一个温暖的拥抱，也具有公益的力量！相信只要我们心怀善念，有时不用金钱也会做出有价值的公益。

“观点致胜”考级环节要求学生语言表达时长不少于2分钟，以上范例大约500余字（含标点），表述约两分钟，可以按照这样的字数来准备内容。

三、“博学小主持”考级提示及范例

“博学小主持”考级环节要求小主持人根据主考老师给出的题目，调动自己的知识储备，围绕主题进行内容丰富、有理有据、逻辑清晰的主持。

这个环节的关键词是“博学”和“主持”。围绕“博学”的考级内容，本教材首先进行了分类，从众多学科门类中梳理出了四大类，即传统国学知识类、生活安全常识类、医学健康常识类和自然科学知识类相关内容。“博学”的考级分类思路是，尽量选取与前来考级的同学们生活学习密切相关的知识内容，并缩小考级范围，让大家能够有针对性地准备，同时这些博学知识还能够在学习与生活中得到运用。

“博学小主持”考级环节的另一个关键词是“主持”，下面我们就从主持角度给大家一些提示。

1. 把握互动性

互动是主持中很重要的一个方面，有了互动不仅可以活跃现场气氛，还能增加主持活动的吸引力。主持人在开场的主持中，别忘了主动与现场主考老师进行交流互动。告诉大家一个小窍门，最简单明了的直接互动方式就是问句的使用，比如：“大家知道生活中有哪些安全小常识吗？”“一提到国学，也许有人会觉得离我们的生活太遥远，真的是这样吗？”等等。

2. 用好副语言

主持活动不同于其他的播音或者演讲，它综合了语言艺术的多种表达形态，其中最不容忽视的就是副语言的运用，副语言包括表情、动作、服饰打扮等，所以，我们在进行主持活动时，这三个方面都要做足准备，甚至要多次演练，俗话说得好，“熟能生巧”，这样才能主持得精彩到位。

3. 注重逻辑性

在主持考级的这个环节，两分钟的内容基本属于即兴口语的表达展示。主持人会在这个过程中介绍一些有依据或有出处的相关知识作为主持的主要内容，要考虑好先说什么后说什么，它们之间有什么逻辑关系，不能前言不搭后语。特别提醒的是，这些不同的知识点之间的衔接、过渡要自然。

4. 突出个性化

一个优秀的主持人，一定是一个具有鲜明个人特点的主持人，那么这个鲜明特点如何体现呢？除了衣着打扮，具备个性化的语言特征是最不容忽视的。我们可以把自己的性格做一个客观的分析，这里所指的个性化，一定要尽量和自己的性格特点相匹配，只有这样，才能自然而不刻意地体现出个性。比如你的性格是热情开朗类型的，那么可以把主持语言的风格定位为热情积极，甚至增加一些幽默感，这样会使你的主持更具有魅力。

下面我们根据“博学小主持”考级的“博学”内容分类模拟题目提供不同的范例。

“传统国学知识”类模拟题目：请在你主持的《博学课堂》节目中，介绍一下关于除夕的习俗。

范例 1

大家好！欢迎来到《博学课堂》，我是主持人xxx。今天是12月29日，腊月初四，还有20多天就是我们的农历新年了。农历腊月最后一天的晚上就是除夕，除夕是我们中国的传统节日，它与春节，也就是农历新年的正月初一首尾相连。有民间传说“夕”是一种凶猛的怪兽，每到年底都会出来危害百姓，后来人们发现“夕”特别害怕燃放鞭炮的声音，所以就用放鞭炮、敲锣打鼓的方式赶跑了这个“夕”，并在当夜守岁到天明。除夕的“除”即去除之意，“夕”指夜晚，“除夕”是岁除之夜的意思，它是新年的前夕，是除旧迎新的重要时间交界点。

除夕对我们中国人来说是非常重要的

一个节日，一般我们在排列传统节日时，都会把除夕放在首位。我国各地的除夕风俗大致相同，离家在外的人们都会在这一天赶回家中，家家户户开开心心、忙忙碌碌，团圆在一起包饺子、吃年夜饭，挂灯笼，给小孩子压岁钱，等等。因为除夕是农历年的最后一个夜晚，所以全部的活动都围绕着除旧迎新、消灾祈福来进行。为了体现新年的喜庆氛围，家家户户都会选一幅大红的春联贴在门两边。除了贴春联，还有贴窗花、贴年画、贴福字，来表示对美好未来的祝福。另外，吃年夜饭时，鱼是家家户户桌上的必备菜，象征年年有“余”。除夕夜人们往往通宵不眠，为新年来临而守岁。除夕来到，小孩子是最开心的了，苏轼的诗句就有“儿童强不

睡，相守夜欢哗”。小孩子在除夕的时候会收到长辈们发的压岁钱。压岁钱在我们的民俗文化中有辟邪驱鬼、保佑平安的寓意。

关于除夕的小知识您了解了吗？哦，对了，还有一个重要的提醒，我们在春节燃放鞭炮和烟花的时候一定要注意安全哦！好，今天的《博学课堂》就到这里，下次节目再见吧！

这段主持词开场首先介绍了除夕的时间以及除夕的由来。接着介绍除夕是中国的一个非常重要的节日，除夕活动的特点是除旧迎新、消灾祈福，家家户户都会围在一起吃团圆饭，张灯结彩，贴春联、贴窗花等，表示对美好未来的祝福。主持词还引用了苏东坡的诗句，介绍了小孩子们在除夕之夜的开心快乐。在主持词的结尾，小主持人还特别提醒大家放鞭炮时要注意安全。内容整体围绕除夕的习俗展开，特点明了，语句清晰，共有650多字（含标点），表达时间大约两分多钟，符合考级要求。

“生活安全常识”类模拟题目：请在你主持的《博学课堂》节目中，提醒同学们在上学或放学的路上遇到陌生人求助时应该如何妥善应对。

范例 2

大家好！欢迎来到《博学课堂》，我是主持人 xxx。今天的节目中，我和大家聊聊有关我们学生人身安全的话题。首先，我问同学们一个问题，如果在上学或放学的路上有陌生人向你求助，比如请你带个路或是找个人，你会怎么做呢？

不久前，有则新闻报道了这样一件事：一名六年级的女同学在独自上学的路途中遇到一个陌生的中年妇女向她问路，这个善良的女孩儿就告诉她该怎么走，但这个妇女表

现出无论如何都听不懂的样子，并提出让女孩上车带他们过去，然后再送女孩去上学，好心的女孩没有犹豫就答应了。万万没想到，女孩一上车，就被强行灌了有迷药的牛奶，当她再次醒来的时候，已经被人贩子拐卖到了一个偏远的小山村中，直到六年后才找到机会跑了出来。

很多拐卖儿童的犯罪分子，会采取各种欺骗的手段骗取同学们的信任，有时甚至是在没人的地方强行将人拖走，一旦让他们得逞，后果将不堪设想。所以，对于陌生人的靠近和搭讪，一定要保持时刻警惕的状态，作为学生，无论是白天还是晚上，无论是在哪里，都要尽量和同学、家人等结伴而行，绷紧安全这根弦。

俗话说：害人之心不可有，防人之心不可无。我们的善良往往会被坏人所利用，所以当陌生人提出要你带路时，最好让他去找警察叔叔或者大人们，千万不能上陌生人的车。除此以外，不要吃陌生人给的糖果等任何食物，不要喝陌生人给的饮料，也不要好奇地去闻陌生人给的鲜花、香水等任何物品。要学会保护自己不受到伤害哦！

好了，今天的《博学课堂》就讲到这里，我们下次再见啦！

在上面的范例 2 中，小主持人向我们介绍了小朋友们在上学或放学的路上遇到陌生人求助时应该如何妥善应对的问题。危险无处不在，尤其是一些居心叵测的人欺骗和伤害小朋友们的手段越来越多，让人防不胜防。因此，了解正确的应对办法就变得尤为重要。小主持人的表达详略得当，有具体的事例讲解，便于大家理解，也有实实在在

的不同情况的列举，让大家掌握了生活安全方面的常识。范例 2 约 600 多字（含标点），表达时间大约两分多钟，时长符合考级时间的要求。

范例 3

“医学健康常识”类模拟题目：请在你主持的《博学课堂》节目中，跟大家谈谈青少年如何保护视力。

大家好！欢迎来到《博学课堂》，我是主持人 xxx。我们都知道，眼睛是心灵的窗户，每个人都只有一双眼睛，所以保护好我们的眼睛非常重要。现在的中小学生近视率越来越高，这都和我们平时不注意保护视力有关。那么今天，我就跟大家聊聊生活中有哪些伤害我们视力的行为。

现在我们中小学生参加户外活动没有之前那么多了，反而花在玩手机、iPad、电脑上的时间越来越长，电子设备发出的光对我们的眼睛有不利的影响，尤其是在光线昏暗的环境中盯着电子设备的屏幕看，对视力造成的伤害就更大了。除此以外，躺着看手机、看书容易导致近视，因为躺着看书的时候，两个眼球不在一个水平线上，眼睛很容易疲劳，所以，我们以后都要尽量在光线充足的环境中以正确的姿势看书。

用眼过度导致视觉疲劳也是视力下降的重要原因之一。我们一些同学在课余时间大都喜欢待在家里看电视，一看就是一天。然而，长时间看电视会导致近视、散光、白内障等，所以专家建议，青少年每天看电视的总时间最长不要超过4个小时，大概40分钟左右要休息一下，站起来走两步，望望远处，这时晶状体调节，使眼睛处于舒张状态，所以远近交替使用可以缓解视觉疲劳，预防近视。

好了，今天的节目就是这样，我们下次《博学课堂》再见啦！

在上面的范例3中，小主持人向我们介绍了中小学生在生活中有哪些伤害视力的行为以及如何才能保护好自己的视力。其中还有用眼卫生的具体措施，给我们带来了很多有用的知识点，包括用眼的环境、姿势、时长等。范例3约500字（含标点），表达时也满足了不少于两分钟的考级时长要求。

“自然科学知识”类模拟题目：请在你主持的《博学课堂》节目中，为同学们介绍一下关于太阳的相关知识。

范例 4

大家好！我是《博学课堂》的主持人xxx。在今天的节目中，由我带领大家一起来了解太阳。

太阳是太阳系中的中心天体，其他的天体都围绕着太阳公转。太阳非常非常的大！足以装下130万个地球呢！为什么我们会感觉到太阳的光和热呢？这是因为，太阳是离地球最近的恒星，它的主要成分是氢和氦，太阳已经燃烧了45亿年了！据科学家们研究，太阳还可以再燃烧几十亿年呢！太阳的能量来自于它的内部，每秒有400万吨的氢转变为光和热传输到太阳的表面，然后辐射到宇宙空间中。太阳表面喷出炽热

的气流，长度可以达到几百万千米呢，这个气流叫日珥。在日全食的时候，通过天文望远镜我们可以看到，太阳的周围镶着一个红色的环圈，上面跳动着鲜红的火舌，这种火舌状物体就叫作日珥。除了日珥，还有一个剧烈的太阳活动，叫耀斑。太阳耀斑是发生在太阳大气局部区域的一种最剧烈的爆发现象，在短时间内释放大量能量。耀斑的持续时间在几分钟到几十分钟内，在这短暂的时间里却能释放出巨大能量，这大约相当于十万至百万次强大火山爆发释放的能量总和，威力非常非常的大哦！耀斑爆发时，我们地球的电磁信号都会受到影响和干扰呢！

介绍了这么多关于太阳的小知识，是不是觉得太阳真的好神奇呢？大家要把今天所

学的知识记住哦，我们下次《博学课堂》再见啦！

在范例4中，小主持人介绍了有关太阳的科普知识，这是一个典型的科普类节目的主持。科普知识对很多人来说，都很想多多地去了解和学习，但是科普知识有一个问题就是给我们的初步印象会比较枯燥，很多都是现象和数字的陈述说明。所以，我们在主持这一类的内容时，主持人要尽量地口语化，多加进去一些语气词，尽量生动有趣地去表现这些内容，运用好自己的眼神和动作。比如说到“太阳非常非常的大”，这个时候，对于“非常非常”的表述就可以采取拖音、语调上扬的方式，眼神也要流露出惊讶和夸张的样子，两手配合张开画个大圆。类似这些处理，都是为了把内容讲得更加生动有趣。对于里面一些数字的表达，也可采取加重语气、突出重音的方式，注意抑扬顿挫。总之，要想把平实的说明性内容讲述得生动、有意思、吸引人，就要遵循一个规律：抑扬结合、语气多变、动作自然、眼神灵活。此范例约520字（含标点），表达时间在两分钟左右，符合考级时长要求。

十级

三、主持考级篇目

十级的主持考级篇目分三项，分别是妙语连珠、观点致胜和博学小主持。

“妙语连珠”之成语集锦

十级

本教材从我国现存的五万多个成语中重点选取具有一定故事情节的成语，供考生在主持考级时参考，目的是希望考生通过了解成语背后的故事，正确掌握成语的意思，并能够恰到好处地运用。其他更多的成语就不再专项分类梳理了，考生在进行主持考级时，可以引用本章节提供的成语，也可以尽情引用自己所掌握的其他各种成语词汇，在前面的“妙语连珠”范例中我们已经体现出了这一点。

步步为营、不学无术、补天浴日、八仙过海、百鸟朝凤、不入虎穴焉得虎子

背水一战、杯弓蛇影、抱薪救火、半途而废、班门弄斧、曹冲称象

草木皆兵、草船借箭、沧海桑田、

魑魅魍魉、初出茅庐、嫦娥奔月

程门立雪、唇亡齿寒、穿井得人、
东窗事发、东施效颦、打草惊蛇

大禹治水、杜鹃啼血、东曦既驾、
东兔西乌、点石成金、负荆请罪

焚书坑儒、高山流水、刮目相看、
狗尾续貂、海市蜃楼、后羿射日

狐假虎威、火眼金睛、含沙射影、
涸辙之鱼、画蛇添足、囫囵吞枣

邯郸学步、后来居上、讳疾忌医、

惊弓之鸟、鸡鸣狗盗、嗟来之食

结草衔环、井底之蛙、精卫填海、

开天辟地、夸父逐日、孔融让梨

刻舟求剑、开卷有益、老马识途、

滥竽充数、两败俱伤、洛阳纸贵

买椟还珠、毛遂自荐、南辕北辙、

牛郎织女、女娲补天、南柯一梦

破釜沉舟、庖丁解牛、杞人忧天、

黔驴技穷、曲高和寡、气吞山河

擎天之柱、日薄虞渊、人神共愤、
如鱼得水、三人成虎、三顾茅庐

四面楚歌、势如破竹、守株待兔、
声东击西、手不释卷、舌战群儒

水漫金山、太公钓鱼、天花乱坠、
天衣无缝、天女散花、探骊得珠

螳螂捕蝉、退避三舍、铁杵磨针、
图穷匕见、卧薪尝胆、围魏救赵

完璧归赵、闻鸡起舞、望梅止渴、
望洋兴叹、亡羊补牢、兴云致雨

胸有成竹、虚张声势、悬梁刺股、
削足适履、一箭双雕、一鼓作气

一字千金、夜郎自大、揠苗助长、
鹬蚌相争、缘木求鱼、掩耳盗铃

愚公移山、约法三章、岳母刺字、
与虎谋皮、叶公好龙、自相矛盾

坐井观天、朝三暮四、智子疑邻、
指鹿为马、纸上谈兵、钻木取火

“观点致胜”考级训练题目

1. 发现同学作弊该不该告诉老师?

2. 面对校园霸凌，是以暴制暴还是忍气吞声?

3. 读万卷书和行万里路哪个更重要?

4. 花钱请同学帮助做值日该不该被批评?

5. 中学生该不该攀比用奢侈品?

6. 你会不会跟所谓的差等生交朋友?

7. 你认为该不该说善意的谎言?

8. 没有收入来源的中学生能不能做公益?

9. 学生帮父母分担家务应不应该要物质奖励?

10. 长辈不合理的要求，我该不该拒绝？

11. 你认为外语重要还是语文重要？

12. 好朋友的缺点要不要直言不讳地指出来？

13. 父母要再生个弟弟或妹妹，我该不该反对？

14. 学习成绩好就是好学生吗？

15. 到底应不应该与异性同学做好朋友？

16. 压岁钱应该孩子自己保管还是交给家长？

17. 小学生该不该自主支配零花钱？

18. 学生参加兴趣班是越多越好吗？

19. 家长帮学生完成老师布置的作业是娇纵行为吗？

20. 在超市发现小偷偷东西，要不要上前制止？

“博学小主持”考级训练题目

（一）

“传统国学知识”类主持考级训练题目

1. 请在你主持的《博学课堂》节目中，介绍一位我国知名的国学大师。

2. 请在你主持的《博学课堂》节目中，介绍关于琴棋书画的相关知识。

3. 请在你主持的《博学课堂》节目中，介绍一些经典的国学名句。

4. 请在你主持的《博学课堂》节目中，介绍诸子百家当中的著名人物。

5. 请在你主持的《博学课堂》节目中，介绍古代的科举制度。

6. 请在你主持的《博学课堂》节目中，介绍我国某一民族的文化习俗。

7. 请在你主持的《博学课堂》节目中，介绍我国国学典籍的相关知识。

8. 请在你主持的《博学课堂》节目中，介绍我国国学典故的相关知识。

9. 请在你主持的《博学课堂》节目中，介绍儒家思想的某一个观点。

10. 请在你主持的《博学课堂》节目中，介绍中医的相关知识。

11. 请在你主持的《博学课堂》节目中，介绍我国书法的相关知识。

12. 请在你主持的《博学课堂》节目中，介绍中国画的相关知识。

13. 请在你主持的《博学课堂》节目中，介绍我国古乐方面的相关知识。

14. 请在你主持的《博学课堂》节目中，介绍中国历代的学位制度。

15. 请在你主持的《博学课堂》节目中，介绍一位古代著名诗人。

16. 请在你主持的《博学课堂》节目中，介绍我国的一件文物精品。

17. 请在你主持的《博学课堂》节目中，介绍中国历代古都的相关知识。

18. 请在你主持的《博学课堂》节目中，选择一个知名地名，介绍它的名称由来。

19. 请在你主持的《博学课堂》节目中，介绍你所熟悉的民间传说。

20. 请在你主持的《博学课堂》节目中，介绍我国某个传统节日的相关知识。

（二）

“生活安全常识”类主持考级训练题目

1. 请在你主持的《博学课堂》节目中，提醒大家遇到雷雨天气如何加强自身安全保护措施。

2. 请在你主持的《博学课堂》节目中，提醒小朋友们如何安全过马路。

3. 请在你主持的《博学课堂》节目中，提醒同学们如何安全使用电器。

4. 请在你主持的《博学课堂》节目中，提醒大家搭乘商场扶梯的安全事项。

5. 请在你主持的《博学课堂》节目中，提醒小朋友们在上学或放学的路上遇到陌生人求助时应该如何妥善应对。

6. 请在你主持的《博学课堂》节目中，提醒小朋友们如果独自在家时有陌生人敲门应该怎么办。

7. 请在你主持的《博学课堂》节目中，告诉大家如果被困在电梯里应该怎么办。

8. 请在你主持的《博学课堂》节目中，告诉大家遇到火灾如何正确逃生。

9. 请在你主持的《博学课堂》节目中，告诉大家发生地震时应该怎么办。

10. 请在你主持的《博学课堂》节目中，告诉小朋友如果和爸爸妈妈走散了应该怎么办。

11. 请在你主持的《博学课堂》节目中，告诉大家发现有人触电的正确救助措施。

12. 请在你主持的《博学课堂》节目中，告诉大家如果不小心被宠物咬伤了应该怎么办。

13. 请在你主持的《博学课堂》节目中，告诉大家如果家里有老人突然晕倒了应该如何救助。

14. 请在你主持的《博学课堂》节目中，

告诉大家遇到异性故意碰触你的身体应该怎么办。

15. 请在你主持的《博学课堂》节目中，告诉大家如果晚上一个人在家时突然停电了应该怎么办。

16. 请在你主持的《博学课堂》节目中，告诉大家在郊外游玩时与家人走散了应该怎么办。

17. 请在你主持的《博学课堂》节目中，告诉大家如何预防中暑。

18. 请在你主持的《博学课堂》节目中，告诉大家发现煤气泄漏了如何安全处置。

19. 请在你主持的《博学课堂》节目中，告诉大家如果未曾谋面的网友约你见面应该如何安全防范。

20. 请在你主持的《博学课堂》节目中，告诉大家溺水的急救措施。

（三）

“医学健康常识”类主持考级训练题目

1. 请在你主持的《博学课堂》节目中，聊聊为什么早晨不要洗头发。

2. 请在你主持的《博学课堂》节目中，谈谈青少年喝碳酸饮料和咖啡的危害。

3. 请在你主持的《博学课堂》节目中，谈谈长期不吃早餐的危害。

4. 请在你主持的《博学课堂》节目中，谈谈感冒了为什么要多喝水。

5. 请在你主持的《博学课堂》节目中，谈谈绿色蔬菜对青少年身体发育的帮助作用。

6. 请在你主持的《博学课堂》节目中，谈谈常吃核桃等坚果给身体带来的好处。

7. 请在你主持的《博学课堂》节目中，谈谈头疼时如何通过按压穴位来缓解。

8. 请在你主持的《博学课堂》节目中，谈谈体育锻炼的好处。

9. 请在你主持的《博学课堂》节目中，谈谈青少年如何保护视力。

10. 请在你主持的《博学课堂》节目中，谈谈在家里小面积烫伤后如何紧急救助。

11. 请在你主持的《博学课堂》节目中，谈谈老人贫血如何进行食补。

12. 请在你主持的《博学课堂》节目中，谈谈老人手术后的饮食建议。

13. 请在你主持的《博学课堂》节目中，谈谈高血压患者的饮食特点。

14. 请在你主持的《博学课堂》节目中，谈谈如何科学减肥。

15. 请在你主持的《博学课堂》节目中，谈谈为什么饭后不宜马上进行剧烈运动。

16. 请在你主持的《博学课堂》节目中，谈谈如何保护我们的牙齿。

17. 请在你主持的《博学课堂》节目中，谈谈如何预防感冒。

18. 请在你主持的《博学课堂》节目中，谈谈中学生为什么不能整容。

19. 请在你主持的《博学课堂》节目中，谈谈抗生素类药品的使用为什么要遵照医嘱。

20. 请在你主持的《博学课堂》节目中，谈谈腹泻的家庭医疗措施。

（四）

“自然科学知识”类主持考级训练题目

1. 请在你主持的《博学课堂》节目中，介绍雷电是怎么形成的。

2. 请在你主持的《博学课堂》节目中，介绍雨雪是怎么形成的。

3. 请在你主持的《博学课堂》节目中，介绍植物是如何进行光合作用而产生氧气的。

4. 请在你主持的《博学课堂》节目中，介绍海水为什么是咸的。

5. 请在你主持的《博学课堂》节目中，介绍地球南北极的极光是如何形成的。

6. 请在你主持的《博学课堂》节目中，介绍长江为什么从西往东流。

7. 请在你主持的《博学课堂》节目中，介绍风力发电是如何进行的。

8. 请在你主持的《博学课堂》节目中，介绍什么是纯净水。

9. 请在你主持的《博学课堂》节目中，介绍火山爆发是怎么形成的。

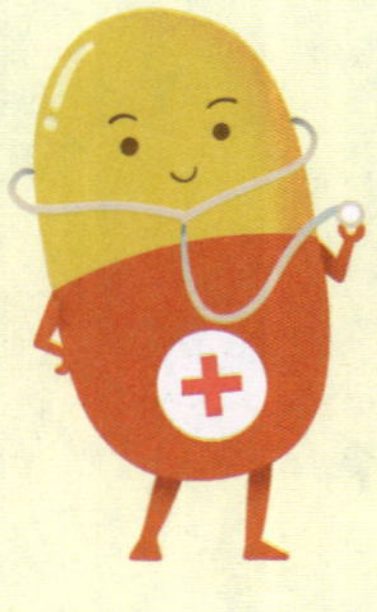

10. 请在你主持的《博学课堂》节目中，介绍云是如何形成的。

11. 请在你主持的《博学课堂》节目中，介绍黑夜和白天是如何形成的。

12. 请在你主持的《博学课堂》节目中，介绍为什么燕子低飞就要下雨。

13. 请在你主持的《博学课堂》节目中，介绍蛇在春天为什么会蜕皮。

14. 请在你主持的《博学课堂》节目中，介绍非洲为什么没有老虎。

15. 请在你主持的《博学课堂》节目中，介绍降落伞的原理是什么。

16. 请在你主持的《博学课堂》节目中，介绍熊为什么要冬眠。

17. 请在你主持的《博学课堂》节目中，介绍狗为什么要伸舌头散热。

18. 请在你主持的《博学课堂》节目中，介绍月亮为什么会发光。

19. 请在你主持的《博学课堂》节目中，介绍辣椒为什么是辣的。

20. 请在你主持的《博学课堂》节目中，介绍电灯泡的发光原理是什么。

主持考级 7 ~ 10 级考级大纲汇总

主持考级内容与要求	七级	1. 绕口令背诵：从指定绕口令 篇目中抽选一个绕口令进行背诵。 2. 命题讲故事：根据主考老师指定话题讲一个故事（时间 1 分钟左右）。 3. 场景描述：根据主考老师给出指定场景，准备 10 分钟后进行场景描述（时间不少于 1 分钟）。
	八级	1. 绕口令背诵：从指定篇目中抽选绕口令一个背诵； 2. 故事接龙：根据主考老师指定的故事开头进行续接，要求给出新的信息，推动故事发展。（时间不少于 1 分钟） 3. 话题阐述：根据所抽选话题进行准备，准备时间十分钟，然后进行阐述，时长不少于 90 秒。
	九级	1. 绕口令背诵：从指定绕口令篇目中抽选一个绕口令进行背诵。 2. 话题阐述：根据所抽选话题进行阐述，准备时间 10 分钟，阐述时长不少于 90 秒。九级的“话题阐述”题目比八级要提高相应的难度和深度。 3. 情景主持：根据所抽选题目进行主持，要求具有开场、主要内容和结束语三个部分，准备时间 10—15 分钟，主持时长不少于 2 分钟。
	十级	1. 妙语连珠：结合学习生活场景和见闻，选取一个事件进行叙述，要求至少引用两个成语或一句古诗句（时间不少于 1 分钟）。 2. 观点致胜：根据主考老师给出的题目，以“社会主义核心价值观”为正确思维导向，以弘扬“真善美”为目的，发表自己的观点和看法（时间不少于 2 分钟）。 3. 博学小主持：根据主考老师给出的题目，调动自己的知识储备，围绕主题进行内容丰富、有理有据、逻辑清晰的主持（时间不少于 2 分钟）。

主持考级标准	七级	主持仪态自然，着装正式，站姿端正，声音洪亮，吐字清晰，语音准确，语言连贯，生动形象，有积极表达欲望和丰富的眼神交流，手势运用自然，语言组织逻辑性强，联想合理，语言生动，能明显体现出语气的变化，能正确地运用语气来传达思想情感，从而表达出丰富的内心感受。
	八级	主持仪态自然，着装正式，站姿端正，声音洪亮，吐字清晰，语音准确，用声自如，不捏不挤，语言连贯，逻辑性强，表达自然，语气生动，思维联想具有发散能力。
	九级	主持仪态自然，着装正式，站姿端正，声音洪亮，吐字清晰，语音准确，用声自如，不捏不挤，语言连贯，逻辑性强，表达自然，不甩腔甩调，语气生动，有积极表达欲望和丰富的眼神交流，手势等副语言配合准确到位，词汇丰富，观点明确，说服力强，思维联想具有发散能力，表达具有较好的总结概括能力。
	十级	主持仪态自然，着装正式，站姿端正，声音洪亮，语音准确，吐字清晰，语言连贯，有独特的感受，有独到的、具备一定思想内涵的见解，有较好的语言组织能力，能生动形象地表达内心所思所想。手势等副语言的配合自然到位；具备一定特点的主持风格；各个环节的应答体现主持人基本的口语表达样式。